부를 부르는 평판

부를 부르는 평판

문성후 지음

REPUTATION ECONOMY

한국경제신문

"당신이 사업을 하면서 얻는 것은 오직
당신에 대한 평판뿐이다."

All you have in business is your reputation.

버진그룹(Virgin Group) 리처드 브랜슨(Richard Branson) 회장

우리는 지금 '평판의 시대'를 살고 있습니다. CEO의 행동 하나 하나가 기업의 이미지가 되고, 정치인의 사생활이 정치 생명을 결정하고, 국가의 신용도가 금융 거래의 척도가 되기도 합니다. 평판이 곧 '신용'이 되는 시대인 것이죠. 게다가 디지털 기술의 발전으로 이제는 그 평판이 순식간에 대중들에게 퍼져 나갑니다. 그러다 보니 이제는 기업뿐 아니라 국가, 정치인이나 연예인 같은 유명인, 심지어는 일반인들까지 평판에 신경을 씁니다. 그 것이 곧 생존 전략이자 부의 축적 수단이 되었으니까요.

더 이상 평판을 남이 나에게 내리는 판단으로만 보고 수동 적으로 접근하던 시대는 이제 끝났습니다. 자신이 추구하는 평 판을 만들기 위해 적극적으로 관리하는 능동적인 접근이 무엇 보다 중요합니다. 기업은 긍정적인 평판을 만들고 유지하기 위 해 고객의 리뷰나 불만 사항을 적극적으로 모니터하는 것을 넘 어 SNS를 통한 고객들의 네트워크를 만들고, 이들의 자발적인 참여를 통해 끊임없이 진화하는 하나의 생태계를 만들어 평판을 관리합니다. 여기에 CEO가 직접 참여해 CEO와 기업의 이미지를 개선하고 고객의 관심을 이끌어내는 경우도 적지 않죠. 더구나 단지 고객만이 아니라 자사 직원은 물론, 자회사나 거래처, 투자자 등 다양한 이해관계자들에게 좋은 평판을 만들기 위해 세심하게 관리합니다. 좋은 평판과 이미지는 기업에 대한 투자나 영업 실적으로 이어지기 때문입니다. 카드사에서 수준 높은 공연을 지속적으로 기획하고, 자동차 회사가 친환경차 개발에 막대한 투자를 하고, 대기업이 환경보호 캠페인을 진행하는 이유도 바로 여기에 있습니다. 자사 박물관을 만들거나 사옥 일부를 개방하여 고객들에게 체험존을 제공하는 것도 평판관리의 일환이죠.

평판 에반젤리스트 문성후 님의 저서 《부를 부르는 평판》은 새롭게 변화해가는 트렌드를 정확히 읽고, 그에 맞는 평판 전략을 어떻게 세워야 좋은지 조언합니다. 이 책은 우리가 익히 알고 있는 스타벅스나 아마존, 구글, 디즈니, 코카콜라, 나이키 등 글로벌 기업이 어떻게 위기관리를 하는지 구체적인 실례를 통해 평판 전략을 제시합니다. 어려운 논문이나 연구 결과, 복잡한 그래프나 도표를 인용하여 장황하게 설명하지 않고, 익숙한 기업이나 그 기업 CEO의 평판관리 사례를 통해 평판이란 무엇인지, 좋은 평판을 구축하기 위해 필요한 요소는 무엇인지, 어떻게 사고를 전환해야 하는지, 평판 경제 속에서 개인은 어떻게 살아남아야 하는지 등을 다루고 있습니다. 이 모든 것이 평판전략보고서로 쓰여도 좋을 만큼 흥미롭고 유용합니다.

아직까지 우리 사회는 개인을 '상품화'한다는 개념에 거부감을 가집니다. 하지만 집안 정리 노하우 하나로 세계시장을 공략한 일본의 정리 전문가 곤도 마리에(近藤麻理惠)처럼 어떻게 자신을 상품화하느냐에 따라 세계적인 명성을 얻을 수 있는 시대가 됐습니다. 이런 세계적인 스타가 아니더라도 나를 잘 관리하고 홍보해야 내가 원하는 곳에서 내 능력에 맞는 보수를 받으며 실력을 발휘할 수 있습니다. 이 과정에서 좋은 평판은 가장 중요한 스펙입니다. 평판을 얻기 위해 자신을 과장하라는 말이 아닙니다. 평판은 없는 것을 있는 것으로 포장하거나, 하지 않은 것을 했다고 허언하는 것으로 억지로 만들어낼 수 없습니다. 진정한 평판은 자신을 계발하고 관리하고 유지하는 노력을 통해서만 쌓아갈 수 있습니다.

SNS를 한글로 치면 '눈'이 된다고 저자는 말합니다. 그렇습니다. 우리는 더 이상 타인의 '눈'을 피할 수 없는 시대에 살고 있습니다. 피할 수 없다면 적극 활용하는 것이 현명한 일이겠죠. 이 책은 바로 그 활용 방법을 찾는 소중한 길잡이가 될 것입니다. 이를 통해 평판이 가진 힘을 유용하고 효과적으로 사용하길 바랍니다. 그것이 미래의 생존 전략이자 오래 살아남는 승자가 되는 지름길입니다.

박종훈 KBS 기자, 《2020 부의 지각변동》 저자

2019년 8월 미국의 초우량 기업의 최고경영자(CEO) 181명은 비즈니스라운드테이블(BRT, Business Round Table, 미국 200대 대기업 최고경영자로 구성된 협의체이자 이익단체. 전미제조업협회, 미국상공회의소와 함께 미국에서 가장 영향력이 큰 로비 단체)을 통해 〈기업의 목적에 관한 성명(Statement on the Purpose of a Corporation)〉을 발표했습니다. 서명에 참여한 기업의 면면을 보면 아마존, 애플, 뱅크오브아메리카, 보스턴컨설팅그룹, 시티그룹, 코카콜라, 델테크놀로지, 딜로이트, 엑손모빌, 이와이, 포드, 페덱스, 제너럴모터스, 골드먼삭스, 아이비엠, 존슨앤드존슨, 제이피모건체이스, 케이피엠지, 메리어트인터내셔널, 모건스탠리, 오라클, 프록터앤드갬블, 펩시, 파이저, 프라이스워터하우스쿠퍼스, 타겟, 월풀, 월마트, 제록스, 스리엠 등 세계 굴지의 글로벌 기업들입니다. 이 기업의 최고경영자들이 성명에 직접 서명했습니다. 애플에서는 팀 쿡(Tim Cook)이, 델테크놀로지에서는 마이클 델(Michael S. Dell)이 서명했죠.

제가 1990년대 후반 미국에서 MBA를 할 때만 해도 교수들은 강의실 칠판에 늘 'Profit and Expansion(수익과 확장)'이라고 써놓고 이것이 '기업의 목적'이라는 말로 강의를 시작했습니다. 기업은 주주에게 최대한 많은 이익을 주어야 하는 수익 집단이었고, '주주 제일주의(shareholder primacy)'가 너무도 당연한 경영의 목표였습니다. 기업은 이를 위해 기업 윤리와 사회적 책임을 뒤로 물린 채, 오직 공격적으로 매출을 올리고 시장점유율을 늘려야 했습니다. 필요하다면 적대적 인수합병(M&A)도 마다하지 않았습니다. 그런 흐름 속에서 20여 년이 지난 지금, 초우량 글로벌 기업들이 모여 '이해관계자 제일주의(stakeholder primacy)'를 표방하며, 다음과 같이 기업의 다섯 가지 사명에 동의한 것입니다.

첫째, 고객에게 가치를 전달하고 고객의 기대에 부응하도록 미국 기업의 전통을 증진한다.

둘째, 직원에게 투자하고 그 시작은 직원들에게 공정하게 보상하고 중요한 혜택을 제공하는 것이다. 또한 급변하는 환경에서 필요한 새 기술을 향상할 수 있도록 교육과 훈련을 지원하며, 다양성·포용··품격·존중을 강화한다.

셋째, 우리의 공급자들과 공정하고 윤리적으로 거래하며, 작든 크든 우리의 사명을 실현하는 데 도움을 주는 다른 기업들에도 훌륭한 파트너십을 제공하기 위해 헌신한다.

넷째, 우리가 일하는 지역사회를 지원하고 지역민을 존중하며 우리 사업 전반에 걸쳐 지속가능한 관행을 포용하기 위한 환경을 보호한다.

다섯째, 기업이 투자하고 성장하고 혁신할 수 있도록 자본을 제공하는 주주에게 장기적 가치를 제고하고, 주주들과 함께 투명하며 효율적인 협업을 위해 노력한다.

이 성명에서 최고경영자들은 기업은 주주뿐 아니라 모든 이해관계자를 위해 경영할 의무가 있다고 밝혔습니다. 사실 비즈니스라운드테이블은 지난 1977년 이래로 주주 위주의 경영을 늘 강조해왔습니다. 그런데 갑자기 왜 이러한 변화를 채택한 걸까요? 왜 공식적으로 모여서 이해관계자들의 중요성을 깨닫고 기업의 사회적 책임활동(CSR, Corporate Social Responsibility)을 실천해야겠다고 선언했을까요? 모든 기업이 선한 일을 하면 기업도 잘될 수 있다(doing well by doing good)는 평범한 사실을 깨닫게 된 계기가 무엇일까요?

정답은 바로 '평판 경제(reputation economy)'가 시작되었기 때문입니다. 평판 경제란 '기업이나 개인의 평판이 상호 간의 경제 활동을 통제하거나 촉진하여 전체적으로 최종적인 부가가치를 결정하는 경제구조'를 말합니다. 이제는 평판이 화폐가 되고 자본이 되었습니다. 기업은 평판 좋은 파트너와 협력을 선호하고, 지자체는 평판 좋은 기업을 지역에 유치하고 싶어 하죠. 고객은 평판이 좋지 않은 기업의 제품은 불매하고, 평판이 좋은 기업의 제품은 집중 구매하며 응원합니다. 정부는 평판이 좋지 않은 기업은 들여다보고, 평판이 좋은 기업은 함부로 해치지 않습니다. 주주들은 투자한 기업의 평판이 떨어지면 자금을 회수하고, 평판이 좋은 기업에 다시 그 회수금을 투자합니다. 평판에 따라 경제의 흐름은 이렇게 재편되고 있습니다.

저는 미국 뉴욕주 변호사로서 오랫동안 대기업의 사내 변호사로 근무했는데요. 20년 전만 해도 기업은 법만 지키면 다른 문제는 노출되지 않았고, 설사 드러난다 해도 도덕적으로 비난받을 뿐이었습니다. 그런데 시대가 바뀌어서 준법경영이 매우 엄격해져 기본 중의 기본이 되었습니다.

그러면 준법을 넘어 최고경영자는 무엇까지 관리하고 경영해야 할까요? 바로 평판입니다. 이제 기업은 좋은 평판을 가져야 합니다. 그렇지 않으면 이해관계자들은 기업을 외면합니다. 한 조사에 따르면 취준생들이 면접에 노쇼(No-Show) 하는 첫 번째 이유가 그 기업의 평판이 좋지 않기 때문이라고 합니다. 평판에 따라 인재들이 떠나가는 시대가 된 것이죠. 수많은 취준생이나 직장인은 지금도 그들만의 커뮤니티에서 기업 평판을 교환하고 있습니다. 특히 기업에 대한 악평은 폭발력이 높습니다. '회사' 문제가 '사회' 문제가 되는 것은 순식간입니다.

착한 기업, 사회적 기업, 존경받는 기업, 명성 높은 기업 등은 모두 좋은 평판을 가진 기업에 붙는 수식어입니다. 이제 기업은 물론, 기업을 둘러싼 모든 이해관계자도 기업의 높은 평판을 갈망합니다. 왜냐하면 평판 경제하에서는 '평판 승자(評判勝者)'가 되어야 강하고 오래 살아남을 수 있기 때문이죠.

사실 우리 모두가 기업이나 개인의 평판이 얼마나 중요한지 알고 있습니다. 하지만 그동안 평판은 다른 사람이 '평가하고 판단하는 것'으로만 알려져 있었습니다. 이렇게 평판을 수동적으로 방목하다 보니 평판이 제멋대로 자라 때로는 가짜뉴스와 결합해 기업이나 개인을 위기에 몰아넣기도 합니다. 그뿐만이 아닙니다. 디지털 기술의 발달로 SNS를 통해 서로의 평판을 들여

다보고 마음속으로 서로의 등급을 매기고 있습니다.

SNS를 한글 자판으로 치면 '눈'이 됩니다. 지금은 모두 이렇게 '디지털 눈'으로 서로의 평판을 지켜보는 세상입니다. 그리고 그 평판은 결국 회사나 개인에게 모두 '신용(credit)'으로 평가됩니다. 앞으로는 누구든 금융기관과 거래하려면 기존의 '신용 등급'이 아닌, 새로운 신용 등급인 '평판 등급'으로 평가될 것입니다. 이제 평판은 더 이상 돈과 거리가 먼 이야기가 아닙니다. 당장 여러분 개인과 기업이 부를 창출하려면 훌륭한 평판 등급부터 먼저 쌓아나가야 합니다. 그래야 대출도 되고, 우대도 받고, 신용 거래를 합니다. 이미 각종 신용도 분석 보고서에는 재무지표 외에 최고경영자와 기업에 대한 평판, 신용 등 정성적(定性的) 내용이 많이 포함되고 있습니다.

이렇게 평판이 중요하다는 것을 알면서도 우리는 어떻게 평판을 관리하고 경영해야 하는지 여전히 모르고 있습니다. 그냥 다른 사람의 평가와 판단에 맡겨야 하는지, 아니면 브랜드처럼 적극적인 인풋을 통해 단기적으로 성장시켜야 하는지 등 평판에 대한 이해가 전무하다고 해도 틀린 말이 아니죠.

평판은 남에게 맡겨선 안 됩니다. 내가 돌보아야 합니다. 평판은 브랜드와 다르며 위기관리도 아닙니다. 독일 격언에 "좋은 평판은 모든 과오를 덮는다"라는 말이 있습니다. 그러니 기업은 평상시에도 좋은 평판을 염두에 두고 있어야 합니다. 평판관리는 일상 속에서 이루어지며, 기업이든 개인이든 그 중요성과 관리 방법을 자각하고 실천해야 합니다. 워런 버핏(Warren Buffett)은 "당신이 평판을 쌓는 데는 20년이 걸리지만, 평판을 망치는 데는 5분밖에 안 걸린다. 평판의 중요성을 생각한다면 당신은 다르게 행동할 것이다"라고 말했습니다.

《부의 추월차선(The Millionaire Fastlane)》을 쓴 엠제이 드마코(MJ DeMarco)는 이 책에서 개인이 서행차선의 통제 불가능한 제한적 영향력이라는 한계를 벗어날 수 있는 '탈옥' 카드로 '명성'을 제시했습니다. 즉 여러분이 명성을 얻으면 내재가치의 수학적 한계를 깨

뜨릴 수 있고, 사람들은 여러분과 여러분이 제공하는 가치를 매우 높은 가격에 사려 할 것이라고 말합니다. 다시 말하면 명성을 얻으면 개인의 내재가치는 폭발적으로 증가하고 결국 이것은 부(富)를 얻는 가장 직접적인 방법이라는 것이죠. 이렇듯 드높은 평판(명성)은 개인이 부의 서행차선에서 부의 추월차선으로 옮겨 타는 비밀 출구라고 합니다.

이 책은 특별한 연구 모델이나 그래프, 도표 등을 사용하거나 인용하지 않았습니다. 연구 자료도 필요한 경우에만 간략히 인용했습니다. 저는 이 책이 일상 속에서 여러분이 평판에 대해 생각하고 그에 따라 행동하는 데 도움이 되었으면 합니다. 그래서 대단한 이론이 아닌 평범하면서도 궁금해하는 것들, 즉 '평판이란 무엇이고 어떻게 측정되는가?' '좋은 평판을 구축하기 위해 점검해야 할 요소는 무엇인가?' '미래의 평판을 어떻게 관리하고 경영할 것인가?' '평판 경제 속에서 개인은 어떻게 살아남을 것인가?'에 대해 다루었습니다. 제 박사 논문을 포함하여 그간

SERICEO에서 진행했던 평판 강연 내용을 모두 담아 평판 종합서로 자리매김하길 바라는 마음으로 썼습니다. 아울러 평판 연구를 시작하고, 계속할 수 있게 큰 힘이 되어준 SERICEO 이준희 프로와 윤성수 프로께 깊이 감사드립니다.

이제 평판은 새로운 경영의 판입니다. 이 책이 기업인과 직장인, 공직자 들에게 평판에 대해서 생각해 보는 방아쇠(trigger)이자 '평판 승자'가 되기 위한 시작점이 되길 바랍니다.

평판 에반젤리스트 문성후

3 평판 요소에 집중하라

4 미래의 평판을 경영하라

1

평판이란 무엇인가

REPUTATION
ECONOMY

사회적 기억으로 쌓인 기업의 매력

세계적 평판 전문 연구소 레퓨테이션 인스티튜트(Reputation Institute)의 창립자이자 평판관리의 대가 찰스 폼브런(Charles Fombrun) 교수에 따르면 "평판이란 특정 이해관계자들이 기업에 주목하면서 갖게 되는 집단적 평가"입니다. 또 다른 평판 전문가 마이클 바넷(Michael Barnett) 교수는 평판을 "시간이 지나면서 기업이 수행한 재정적, 사회적, 환경적 영향에 대한 평가에 바탕을 둔 관찰자들의 종합적 판단"이라고 정의했습니다. 역시 평판 전문가 켄트 워커(Kent Walker)는 "평판이란 어떤 기준에 비추어서 기업의 과거 행동과 미래 전망에 대해 상대적으로 안정적이고 특정적이며 종합적인 개념적 표시"라고 정의했습니다. 저는

'기업 평판'이란 '시간이 흐르면서 사회적 기억으로 축적된 기업의 총체적 매력'이라고 정의합니다.

평판은 단번에 만들어지지 않습니다. 시간이 필요합니다. 그리고 그 시간 동안 평판은 조금씩 쌓여갑니다. 대중이든 특정 이해관계자이든 그 대상들에게 기업에 대해 일관된 기억이 차근차근 쌓여갈 때 기업의 평판은 만들어집니다. 그것이 긍정적이든 부정적이든 평판은 쌓여가죠. 개인도 마찬가지입니다. '그 사람 어떻더라, 그 직원 어떻더라'라는 평가와 판단은 우선 시간과 총의(總意)가 필요합니다.

평판이란 단어 자체는 멈춰 있는 단어입니다. 그런데 거기에 '좋다' 또는 '나쁘다'라는 가치 판단이 붙으면 그때부터 평판은 작동하기 시작합니다. 기업도 마찬가지입니다. 많은 평가와 판단이 쌓여 시간이 지나면서 평판이 결정되지요. 그 평판이 오랫동안 긍정적으로 쌓이면 우리는 그 기업에 '매력'이라는 단어를 붙입니다. 대부분의 기업은 이해관계자들에게 관심과 흥미를 받고 싶어 합니다. 물론 '조용한 우등생'을 지향하는 기업들도 있습니다. 외향적인 기업이 좋은지, 내성적인 기업이 좋은지는, 사람이 그러하듯, 어느 쪽이 더 좋다고 단정 지을 수 없습니다. 하지만 모든 기업은 분명히 매력이 있어야 합니다. '차별화'란 단어와 '선호도'란 단어는 결국 기업이 가진 매력의 정도를 뜻합니다. 경영은 긍정적 매력을 만드는 데서 출발해야 합니다.

그렇다면 기업의 매력, 즉 평판은 왜 점점 중요해질까요? 우선은 디지털의 발전 때문입니다. 미국의 저명한 경제지 〈포천(Fortune)〉에서 세계에서 가장 존경받는 기업(World's Most Admired Companies)을 선정하기 시작한 해가 1982년입니다. 그때까지만 해도 평판 순위는 어느 기업이 얼마나 홍보를 잘하고 재무성과가 좋았는가에 달려 있었습니다. 그런데 16년 뒤 1998년 구글이 태어나면서 인식이 바뀌기 시작했습니다. 최고의 인터넷 검색 엔진이 등장하자 대중은 그동안 궁금했던 기업의 실체에 대해 검색하기 시작했죠. 그러면서 정말로 돈을 써도 아깝지 않은 기업의 매력, 예를 들면 제품이나 서비스 품질, 리더십, 브랜드파워, 재무성과, 시민정신 등을 판정하기 시작했습니다. 매력 있는 기업일수록 고객들은 제품을 더 많이 구매했고, 주주들은 더 많이 투자했으며, 정부는 더 많이 지지했습니다. 각종 소셜미디어가 기업의 매력을 평가하는 중요한 도구가 되었지요. 여기에 유튜브까지 가세해서, 이제 고객들은 기업의 면면을 샅샅이 훑어봅니다.

이런 경로를 통해 알게 된 기업에 대한 평판은 '디지털 익명성(digital anonymity)'을 바탕으로 매우 빠르게, 매우 많은 사람들에게 전파됩니다. 예전에는 누가 그 말을 했는가, 즉 말한 사람 자체의 평판이 파생된 평판의 신뢰도를 결정했습니다. 다시 말해 누가 그렇게 평가했는가가 중요했지요. 하지만 이제는 그렇지 않습니다. 'Someone in the crowd'라는 팝송 제목처럼 이제는 익명의 누군가가 이야기합니다. 이제는 그 말의 주체가 아니라 무엇을 말했는지, 얼마나 빨리 말했는지가 중요합니다. 진원지를 찾을 겨를도 없고, 팩트를 체크할 여유도 없이 다짜고짜 시작되어 인터넷에 올라오는 기업 평판은 예전의 PR 대응 방식으로 아무리 기사를 내려도 끝없이 남습니다. 심지어 디지털 장의사를 동원해도 이미 빅데이터로 쌓이기 시작한 평판의 흔적은 지울 수 없습니다.

뿐만 아닙니다. 좋은 평판이든 나쁜 평판이든 평판의 확산 속도는 빛처럼 빠릅니다. 노스웨스턴대학교(Northwestern University) 로스쿨 교수 겸 세계 최대 PR그룹 에델만(Edelman)의 위기관리 전문가 러브 할란(Loeb Harlan) 교수는 "기업에 대한 나쁜 뉴스는 2시간 30분 만에 전 세계의 25퍼센트에 퍼지고, 나머지 75퍼센트는 24시간 이내로 퍼진다. 평판과 관련된 리스크는 지난 10년간 400퍼센트 증가했다"라고 말했습니다.

더욱이 시간이 흐르면서 대중은 더 이상 소극적으로 행동하지 않습니다. 처음에는 손가락과 눈으로만 기업을 확인하고 판정했지만 점차 대중은 움직이기 시작했습니다. '행동주의(activism)'가 대두하기 시작한 것이지요. 이해관계자들이 직접 나서서 기업을 향해 행동하기 시작했습니다. 다시 말해 대중은 그 기업에 대한 평가와 판단에 따라 온라인과 오프라인을 통해 행동으로 실천합니다. 불매운동이나 지지 모임이 그렇습니다. 이런 변화의 기저에는 '온라인 기동성(online mobility)'의 발전도 한몫을 했습니다. 이제 모이고 뭉치는 것은 어려운 일이 아니니까요. 소셜미디어의 발전으로 반드시 한곳에 모여 있지 않아도 한 날 한시에 행동할 수 있게 된 것입니다. 청와대의 국민 청원시스템이 대표적입니다. 이젠 한 기업 오너의 갑질이 금방 청와대까지 전달되어 몇 시간 만에 수만 명의 동의를 끌어냅니다.

이 모든 경영 환경의 변화를 제압할 수 있는 것은 기업이 가진 훌륭한 매력, 즉 좋은 평판입니다. 매력은 사람의 마음을 잡아끄는 힘을 뜻합니다. 기업이 얼마나 이해관계자들의 마음을 잡아끄느냐에 따라 좋은 평판과 나쁜 평판의 갈림길에 섭니다. 그러나 사람도 그렇듯, 매력은 단순히 외모의 우월성만을 말하지 않습니다. 매력은 일관되어야 하고, 안팎으로 조화를 이루어야 합니다. 매력 없는 기업에는 고객들이 지갑을 열지 않습니다. 반대로 매력이 넘친다면 고객과 주주 들은 지갑을 엽니다. 직원과 지역사회는 마음을 엽니다.

기업을 둘러싼 이해관계자들의 호의는 지속되어야 합니다. 그러니 기업도 유명인이나 아이돌처럼 지속적인 팬덤(fandom)을 확보해야 합니다. 기업이 '고객충성도'를 제고하는 것도 결국 강한 팬덤을 확보하려는 노력입니다. 그러려면 기업의 매력이 세대를 이어가며 오랜 시간 동안 사회적 기억으로 축적되어야 합니다. 강한 매력은 강력한 평판으로 뿌리 내립니다. 평판은 대단히 새로운 개념이 아닙니다. 기업이 가지고 있는 매력이 표상화되어 기억으로 쌓이는 것, 그것이 평판입니다.

MZ세대를
움직이는 힘

미국의 대표적인 시사 주간지 〈타임(Time)〉은 2019년 올해의 인물(Person of the Year)로 스웨덴의 16세 소녀 그레타 툰베리(Greta Thunberg)를 선정했습니다. 그녀는 2019년 노벨평화상 최연소 후보로 추천되었으며, 다보스포럼에 참석하기도 했습니다. 툰베리는 공정무역 제품을 쓰며 지구 환경보호를 주창하고 착한 소비를 지지하는 Z세대(14~24세)의 대표주자입니다. 디지털 환경을 바탕으로 소비를 주도하는 Z세대는 몸소 착한 기업을 응원하고 공정을 강조합니다. 2018년 〈한경비즈니스〉가 전국의 Z세대 500명을 대상으로 그들의 라이프 스타일, 소비 패턴 등을 조사한 결과 Z세대의 특징 중 하나가 '착한 소비'를 선호한다는 점이었습니다. 사회문제를 일으킨 기업에 대해서는 Z세대의 55.4 퍼센트가 불매운동에 참여하겠다고 답했고, 브랜드를 선택할 때 친환경적이고 사회적 책임을 다하는 브랜드를 고른다는 응답도 59.5퍼센트에 달했습니다. 서울대 소비트렌드 분석 센터의 《트렌드 코리아 2020》은 2020년도를 전망하면서 "사회에 미치는 '선한 영향력'은 기본 요소"라고 말했습니다. "인터넷과 SNS를 통해 업체들의 '악행'과 '선행'이 낱낱이 밝혀지는 가운데 누리꾼 소비자들의 '권선징악' 활동도 더욱 거세지고 있는 모양새다"라고 진단했지요.

한국에서만 이런 현상이 두드러지는 건 아닙니다. 미국 콘커뮤니케이션(CONE Communications)이 2017년 9월 발표한 Z세대에 대한 심층 조사 발표에 따르면 Z세대의 90퍼센트는 사회적으로 도움되는 제품을 구매할 것이며, 84퍼센트는 뜻 있는 일을 위해 기꺼이 청원서에 서명하겠다고 했습니다. Z세대의 77퍼센트는 사회적 사안을 SNS로 공유하고, 76퍼센트는 사회에 해를 끼친다고 판단되면 그 기업의 불매운동에 적극 참여하겠다고 했습니다. 이렇게 Z세대는 기업의 사회적 가치와 공정성을 무척 중요시하는 디지털 소비자들입니다. 1990년대 중반 이후 태어난 Z세대는 유례없는 불황과 저성장 속에서 자랐기 때문에 적은 기회 속에서 자신의 기회가 불공정하게 박탈되는 것을 무척 예민하게 생각합니다. 동시에 다른 사람의 기회를 불편부당하게 빼앗는 것 또한 수용하지 못하죠. 즉 불평등과 반칙에 대한 거부 감이 어느 세대보다 높습니다. 그래서 불공정하거나 반환경적인 기업이라는 평판이 퍼지면 Z세대는 지갑을 닫을 뿐 아니라 즉각 행동에 나서곤 합니다. MZ세대(1980년대 초~2000년대 초 출생한 밀레니얼 세대와 1990년대 중반~2000년대 초반 출생한 Z세대를 통칭하는 말. 디지털 환경에 익숙하고, 최신 트렌드와 남과 다른 이색적인 경험을 추구하는 특징을 보임)는 자신들의 커뮤니티에서 평판이 안 좋은 기업에 대해 'OO(기업명) 주의' 문구를 달아서 구매할 때 주의하라며 정보를 공유합니다.

반대로 공정하고 친환경적인 기업에는 지갑도 열고 강한 지지도 보냅니다. 한 예로 Z세대들은 '환경을 생각하는 멋진 소비'를 '에코 섹시'라고 부르며 실천합니다. 공정무역에 앞장서거나 친환경 생산과 유통을 내세우는 패션 의류를 구매하는 것이 좋은 예입니다. MZ세대에게는 친환경(親環境)을 넘어서 필환경(必環境)이 대세입니다. 혹시 '미닝아웃(meaningout)'이라는 말을 들어보았나요? 미닝아웃은 가치나 의미를 뜻하는 '미닝(meaning)'과 '커밍아웃(coming out)'을 합성한 신조어로 자신의 신념을 소비로 표현하는 소비 행태를 말합니다. 극장에 가지 못해도 자신이 응원하는 영화표를 10장씩 사는 것처럼 말입니다. 그런 소비를 '영혼 보내기'라고 표현하기도 합니다. 자신은 그 자리에 없어도 영혼을 보내 응원한다는 의미입니다. '대체 육류(substitute meat)'도 동물의 권리를 존중하는 윤리의식을 바탕으로 등장한 제품입니다. 대체 육류란 실제 육류는 아니지만 콩고기처럼 육류의 맛을 내는 대체품입니다. MZ세대는 의미 있다고 판단하면 아이템이든 기업이든 기꺼이 소비하고 구매함으로써 응원을 보냅니다. '캐롯몹(carrotmob)'도 마찬가지입니다. 평판이 좋은 업체를 찾아가서 주문으로 '혼내주자'며 업체 평판에 기반한 단체 구매 캠페인을 벌이지요.

이런 변화가 단순히 호의와 존경을 받는 기업으로 만족할 수 없는 이유입니다. 기업 평판은 고객 중심층이 될 MZ세대의 구매를 좌지우지할 기본 요소가 될 것입니다. MZ세대의 특성과 행동력 때문에 기업의 평판은 이제 그냥 놔두어도 될 정적(靜的)인 요소가 아닙니다. 적극적으로 관리해야 할 동적(動的)인 요소입니다. 그래서 기업들도 점차 '착한 소비' '공정 경영'을 마케팅에 반영하여 고객에 대한 소구점으로 활용하고 있습니다. 일부 기업들은 'MZ세대 연구위원회' 등을 만들어 제품 개발과 판매

전략에 활용하기도 합니다.

　MZ세대가 가진 소비의 힘은 단순히 그들의 특성에서 기인하는 것은 아닙니다. 그들이 느끼는 평판 인지도는 예전의 평판처럼 단순히 구전 효과에 의존하지 않습니다. 그러니 기업들은 더 긴장해야 하지요. MZ세대는 디지털사피엔스(degital sapiens)라고 할 만큼의 디지털 능력을 가지고 있습니다. 특히 그들의 디지털 채광(採鑛) 기술은 상상을 초월합니다. 미국의 평판 컨설팅 기업 레퓨테이션닷컴(Reputation.com)의 설립자 마이클 퍼틱(Michael Fertik)과 변호사 데이비드 톰슨(David Thompson)은 그들의 저서 《디지털 평판이 부를 결정한다(The Reputation Economy)》에서 앞으로는 단순히 방대한 양의 데이터를 수집하고 저장하는 빅데이터의 시대를 지나 데이터를 '거대 분석(big analysis)'하는 시대로 변할 것이라고 예측했습니다. 지금도 개인이나 기업이 웹사이트를 방문하거나 링크를 클릭할 때마다 매번 축적된 디지털 자료 파일이 거의 제로의 비용으로 생성되고 저장됩니다.

　그뿐인가요. 시간을 거치며 저장 용량만 증가한 것이 아니라 데이터를 분석하고 분류하는 능력 또한 무섭게 성장했습니다. 결과적으로 저비용으로 수집되고 저장된 데이터 속에서 광맥을 찾듯 유용한 정보를 찾는 '데이터 마이닝(data mining)' 기술이 발전했습니다. 이제 데이터 마이닝을 기반으로 기업이나 개인 모두 축적된 평판을 참고해 '평판 지수(reputation index)'를 매기게 되었습니다. 고객과 기업 사이뿐 아니라, 기업과 기업들 사이에서도 '평판 검색 엔진'을 통해 알아낸 데이터를 분석하고, 이를 통해 중요한 의사 결정을 내립니다. 심지어 어떤 기업들은 이렇게 채굴된 유용한 정보와 데이터들을 수년 전부터 상업적으로 판매하기 시작했습니다.

결국 평판은 데이터 마이닝을 통해 화폐처럼 상업 거래의 기반이 되었고, 평판 지수는 새로운 신용등급이 되었습니다. 데이터의 저장, 분석, 활용이라는 3단계를 점핑하며 평판은 급속히 축적되고 확산되고 있습니다. 그리고 그 중심에 디지털사피엔스 MZ세대가 있습니다. 데이터를 생산하고 유통하고 소비하는 프로슈머(prosumer, 기업의 생산자(producer)와 소비자(consumer)를 합성한 말. 소비자가 소비는 물론 제품 개발, 유통 과정에까지 직접 참여하는 '생산적 소비자'로 거듭난다는 의미)로서 말입니다.

공상과학 소설 《마법왕국의 몰락(Down and Out in the Magic Kingdom)》에는 "현금보다 평판이 더 중요하다"라는 말이 나옵니다. 그렇습니다. 이제 기업에는 현금보다 평판이 중요합니다. MZ세대에는 기업 평판이 구매와 불매의 모든 기준이 되고 있으니까요. 영국 격언에 "평판이 나쁜 자는 이미 목의 절반이 날아 간 셈이다"라는 말이 있습니다. MZ세대가 기업의 주 소비자라 면 다른 어떤 마케팅 노력보다 평판관리에 공을 들여야 합니다.

다르지만 가까운 브랜드와 평판

브랜드와 평판은 같을까요, 다를까요? 브랜드와 평판 랭킹을 한 번 비교해보겠습니다. 세계적인 브랜드 컨설팅업체 인터브랜드 (Interbrand)에서 뽑은 브랜드 랭킹부터 살펴볼까요? 2019년 베스트 글로벌 브랜드에 따르면 최상위 10개 브랜드는 1위부터 애플, 구글, 아마존, 마이크로소프트, 코카콜라, 삼성, 도요타, 메르세데스-벤츠, 맥도날드, 디즈니 순입니다. 한편 2019년 〈포천〉이 뽑은 세계에서 가장 존경받는 기업 상위 10위를 보면 1위부터 애플, 아마존, 버크셔 헤서웨이, 디즈니, 스타벅스, 마이크로소프트, 알파벳, 넷플릭스, 제이피모건 체이스, 페덱스 순입니다. 브랜드와 평판이 항상 일치하지는 않는다는 것을 이 순위만

보아도 알 수 있습니다. 예를 들어 코카콜라라는 브랜드 순위로는 5위지만 평판으로는 15위입니다. 도요타는 브랜드 순위로는 7위지만 평판으로는 30위입니다. 평판이 높다고 해서 브랜드가 강하지 않으며, 브랜드가 강하다고 해서 평판이 높지도 않습니다. 즉 평판과 브랜드는 다릅니다. 평판과 브랜드를 구분하는 것은 평판관리에 있어 아주 중요합니다.

2008년 MIT 슬론경영대학원(MIT Sloan School of Management)은 〈브랜드와 평판을 혼동하지 말라(Don't Confuse Reputation With Brand)〉라는 보고서를 발간했습니다.

본 보고서에서는 많은 경영진들이 평판과 브랜드를 같은 것으로 착각하고 있으며, 이러한 혼동은 대가를 치르게 될 것이라고 밝혔습니다. 본 보고서에 따르면, 이제까지 경영진은 브랜드와 평판을 모두 가치 있는 무형자산이고 기업의 일상 경영은 늘 두 가지 모두에 영향을 끼치기 때문에 구분하지 않고 하나로 보았다고 지적합니다. 또 브랜드와 평판 두 가지 모두 사람들의 인식을 규정짓기 위해 전략적 커뮤니케이션에 공통으로 의존하고, 사람들에게 기업과 그 기업이 제공하는 제안이 모두 최고라고 생각하게 만드는 공통의 목적을 가지기 때문에 혼동되었다고 설명합니다. 마지막으로 브랜드와 평판이 혼동되었던 이유는 인터넷의 발달 때문이라고 말합니다. 예전에는 기업의 제품과 기업의 재무 상태는 고객들에게 별도의 카테고리였지만 이제는 블로그 등 소셜미디어에서 기업에 대한 각종 정보가 오가면서 기업이 모두에게 투명해지고, 결국 기업의 평판과 기업이 내놓는 제품이나 서비스의 브랜드 간의 커뮤니케이션이 활성화되고 있기 때문이라는 것이죠.

이 보고서에 따르면 브랜드는 기업이 고객에게 약속한 제품이나 서비스에 중점을 두는 '고객 중심적(customercentric)' 개념입니다. 브랜드는 고객들의 니즈에 맞추기 위해 적절하고 독특한 제안을 하는 데 중점을 둡니다. 반면 평판은 기업이 고객뿐 아니라 다양한 이해관계자들의 신뢰와 존경에 초점을 맞추고 기업의 정통성에 관한 '기업 중심적(companycentric)' 개념입니다. 따라서 강한 브랜드는 제품이나 서비스가 얼마나 고객과의 약속을 충실하게 이행했는지에 따라 만들어지는 반면에, 좋은 평판은 이해관계자들에 대한 존중, 경영진의 역량, 재무적 성과, 혁신성, 직원들에 대한 처우, 윤리적 이슈에 대한 대처 등 여러 요소가 종합적으로 영향을 끼칠 때 만들어집니다.

보고서는 경영진이 만약 브랜드에 쓸 비용을 평판관리에만 집중한다면 시장에서 제품에 대한 관심은 약화될 것이고, 반대로 브랜드에만 집중하고 평판관리를 소홀히 한다면 주가가 떨어지고 인재 영입이 어려워지며, 심지어 불매운동도 일어날 수 있다고 조언했습니다.

브랜드와 평판의 차이에 대해 정리한 또 다른 보고서가 있습니다. 2017년 현재 세계에서 관리회계사들이 회원인 협회로는 가장 큰 CIMA(The Chartered Institute of Management Accountants)에서 발표한 보고서에 따르면, 브랜드와 평판은 다음과 같은 차이점을 가집니다. 첫째, 브랜드는 기업이 그 가치를 마케팅 활동이나 홍보비 등에 따라 조절하고 통제할 수 있지만, 평판은 단순히 투자만 한다고 해서 기업 뜻대로 가치가 높아지지 않습니다. 이해관계자들의 평가와 판단에 따라 그 값어치가 높아지기도 하고 낮아지기도 하지요. 따라서 평판은 브랜드처럼 기업이 임의로 통제할 수 없다는 점에서 큰 차이가 있습니다. 평판이 홍보활동이나 마케팅 노력만으로 강화되지 않는 이유가 바로 여기에 있습니다.

둘째, 평판은 다른 경쟁자들의 평판과도 상대적으로 많이 비교됩니다. 즉 평판은 브랜드보다 상대성을 많이 갖는다는 뜻이지요. 예를 들어 자사가 나름 거액을 기부하더라도 동종 업계 기업들이 기부를 더 많이 한다면 자사는 상대적으로 인색한 기업으로 비추어집니다. 물론 기부가 꼭 평판을 높이지는 않습니다. 그러나 이해관계자들이 생각하는 요소 중에 기업의 기부나 사회공헌활동은 무척 중요한 평판 요소임에 틀림없습니다.

셋째, 브랜드는 특정 상품이나 서비스의 가치를 표상화한 것입니다. 그래서 그때그때 멈춰 있는 정지 사진(snap shot)인 반면, 평판은 역사적이고 문화적인 측면이 강합니다. 즉 이해관계자들의 '사회적 기억(social memory)'에 좌우되므로 평판은 한 번에 정리되거나 일시적으로 급격히 변화하지 않습니다. 예컨대 직원에 대한 처우가 안 좋았던 기업의 경우, 당장 그 처우를 개선하더라도 평판이 긍정적으로 회복되려면 시간이 걸립니다. 한국에서도 평판이 악화한 몇몇 기업이 평판을 쉽게 회복하지 못하는데, 모두 그런 이유입니다.

여기서 주목할 단어는 '사회적 기억'입니다. 브랜드는 초기에 론칭하고 집중적인 인풋으로 강화될 수 있습니다. 만약 브랜드 경쟁력이 지속적으로 강화되면 결국 '장수 브랜드'가 되지요. 하지만 성공적으로 론칭하지 못하거나, 잠시 매출이 일어나는 반짝 브랜드라면 이내 곧 고객들의 머릿속에서 그 브랜드는 잊힙니다. 그래서 기업 역시 새로운 브랜드를 계속 출시해서 소비자들에게 신(新) 브랜드를 적극적으로 알리는 데 주력하지요. 멀티 브랜드 기업들은 한 해에도 우리가 모르는 수많은 브랜드를 출시했다가 이내 접고, 또다시 새로운 브랜드를 출시하곤 합니다. 여러분이 기억하는 브랜드들은 쏟아져 나온 많은 브랜드 중에 살아남은 브랜드들입니다. 반면 평판은 망한 브랜드처럼 쉽게 접을 수 없습니다. 평판은 다시 론칭하기가 쉽지 않습니다. 평판은 사회적으로 축적되는 기억이자, 한번 자리 잡으면 쉽게 '리포지셔닝'되지 않는 '사회적 가치'이기 때문입니다. (저는 개인적으로 '브랜드 평판'이라는 단어는 '브랜드'와 '평판'으로 구분되어야 한다고 생각합니다.)

평판과 브랜드는 이렇게 다름에도 불구하고 아주 밀접한 관계를 맺고 상호 간에 중대한 영향을 미칩니다. 예를 들면 평판이 좋은 기업은 고객을 자사의 브랜드로 신규 유입시키는 힘뿐 아니라, 일단 유입된 고객을 충성 고객으로 유지하는 강한 힘도 가지고 있습니다. 물론 그러기 위해서는 기업 평판과 브랜드가 모순되지 않고 진정성을 실천해야 합니다. 그렇게 평판과 브랜드를 동시에 성공시킨 기업들이 있습니다. 위의 평판과 브랜드 순위에서 보았듯이 평판도 좋고 브랜드도 강한 기업들이지요. 한국에서는 LG, 오뚜기, 매일유업이 대표적인 기업입니다. 해외에서는 디즈니, 애플, 아마존 같은 기업을 손꼽을 수 있겠죠.

평판과 브랜드를 모두 잡은 기업

이렇게 평판과 브랜드가 모두 좋은 기업의 특징은 무엇일까요? 바로 '약속'을 지킨다는 점입니다. 기업이 고객을 포함한 이해관계자들에게 한 모든 약속이 평판이라면, 그중 고객에게 한 약속은 브랜드입니다. 이 두 가지 약속을 모두 지키면, 평판도 좋고 브랜드도 강한 기업이 됩니다. 디즈니사를 예로 들어볼까요? 디즈니사는 평판 좋은 기업으로 늘 손에 꼽힙니다. 2019년도 〈포천〉에서 4위, 〈포브스(Forbes)〉에서는 3위를 차지했지요. 앞에서 보았듯이 브랜드 지수도 전 세계 브랜드 중 10위입니다.

우선 디즈니는 외부적으로 '약속'을 투명하게 공표합니다. 특히 환경이나 직원에 대해서 결코 그 약속을 소홀히 하지 않습니다. 디즈니는 2017년 CSR 보고서에서 "환경적인 측면에서 책임감 있게 자원을 사용하여 폐기물을 줄이고 물 소비를 줄임으로써 지속가능한 사업 성장에 전념했다. 또한 근무 조건에서도 국제 노동 기준을 준수하고 직원들의 훌륭한 근무 조건을 유지하기 위해 최선을 다하고 있다"고 발표했습니다. 이렇듯 평판 좋은 기업은 모든 이해관계자들에게 자사가 실천할 약속을 분명하게 천명합니다. 단순히 고객들에게만 약속하는 브랜드를 넘어서 말이죠.

평판과 브랜드가 모두 좋은 기업의 또 다른 특징은 핵심 가치를 설정하고 이미 약속한 이해관계자들과의 약속을 실천한다는 점입니다. 디즈니의 핵심 가치는 '가족과 어린이들에 대한 존중감'입니다. 디즈니가 외부적으로 약속한 환경에 대한 책임감, 직원에 대한 존중감은 디즈니 리조트의 청결함과 직원들의 적극적인 친절함 등으로 실천되고 있습니다. 즉 평판을 위한 일련의 조치들이 결국 브랜드로 실현된 것이지요. 그러면 고객 만족은 자동으로 달성됩니다. 결국 평판은 브랜드보다 큰 우산입니다. 기업이 약속을 실천하여 평판이 좋아지면 브랜드파워도 따라서 올라갑니다.

물론 디즈니도 위기가 있었습니다. 1990년대 후반과 2000년대 초반에는 디즈니에서 사람들이 다치거나 사망하는 사고가 일어나기도 했습니다. 사고 발생 당시 디즈니는 리조트 사고에 대한 개선책으로 안전 캠페인에 대한 약 30쪽 분량의 보고서를 발표하여 고객들을 보호하겠다고 약속했습니다. 2003년에 리조트에서 발생한 사고 당시에도 디즈니는 지체하지 않고 911에 신고했고, 경찰에게 모든 통제권을 위임했으며 유족들에게 애도를 표하는 성명을 발표했습니다. 이 사건 이후 〈엘에이타임스

〈LA Times〉〉는 디즈니가 보여준 일련의 조치에 박수를 보냈습니다. 이러한 사례는 어떠한 위기 상황에서도 고객의 안전과 행복이 우선이라는 디즈니의 약속을 보여준 것입니다.

이제 디즈니는 전 세계 어디에서나 고객들에게 안전하고 탁월한 엔터테인먼트 경험을 약속하고 제공하는 기업으로 유명합니다. 그리고 디즈니가 보여준 안전에 대한 약속은 지금까지도 중요한 '평판 자산'입니다. 디즈니사는 2018회계연도 기준으로 매출액 약 594억 달러를 기록해 전년대비 10.8퍼센트 증가했고, 영업이익은 147억 달러로 10.7퍼센트 늘어났습니다. 평판과 브랜드라는 두 마리 토끼를 모두 잡으면서 말입니다.

평판과 브랜드는 다릅니다. 그러나 서로 밀접하게 관련되어 있습니다. 평판이 좋아지면 브랜드는 강해집니다. 그러기 위해서 기업은 '약속'을 지켜야 합니다. 이해관계자들에게 한 약속을 지키고, 그 약속을 실천해야 합니다. 그러면 평판도 좋아지고 브랜드도 강해집니다. 아르메니아 속담처럼 "좋은 평판은 진주목걸이"입니다.

위기의 순간에 보이는 기업의 가치

기업들이 직면하는 위기는 누가 만들까요? 바로 기업 자신이 만듭니다. 기업이 게재한 사소한 광고 문구가 큰 화를 자초하기도 하고, CEO의 작은 일탈이 기업 전체를 흔들기도 합니다. 특히 요즘처럼 '다접점시대(多接點時代)'에는 구성원 누가 언제 어디서 무슨 문제를 만들지 모르기 때문에 기업은 항상 긴장하고 대비합니다. 그래서 기업들은 위기관리(crisis management) 매뉴얼을 만들고 도상훈련도 하면서 위기에 대비하곤 하지요. 그렇지만 기업이 간과하는 점이 하나 있습니다. 위기는 빨리 벗어날수록 좋다고 생각하는 것입니다. 하지만 이해관계자들은 기업이 얼마나 빨리 위기에서 탈출했는지를 볼뿐만 아니라 위기에 어떻게 대응하는가도 봅니다. 골프를 치다 보면 수많은 해저드와 벙커 등을 만납니다. 그런 가운데에서도 공을 잘 쳐서 그린 위에 잘 올리고 홀에 잘 붙이면 명골퍼로 인정해주지요. 마찬가지입니다. 이해관계자들은 기업이 위기에서 어떻게 탈출하는지를 보고 그 기업의 평판 점수를 다시 매깁니다.

위기관리의 최종 목적은 무엇일까요? 대중의 분노를 잠재우는 것? 불매운동을 중지시키는 것? 소송에서 승소하는 것? 이런 것들은 모두 단편적인 목적입니다. 위기관리의 최종 목적은 '기업이 위기 전에 가졌던 평판으로 기업 평판을 원위치시키는 것'입니다. 즉 '평판의 원상 회복'이 위기관리의 최종 목적입니다. 왜냐하면 위기가 잠식하는 것은 결국 기업이 가진 '이전의 평판(pre-crisis reputation)'이기 때문입니다. 물론 기업의 평판이 좋다면 보험처럼 위기로부터 기업을 보호해줄 수도 있습니다. 그러나 2006년에 발표된 〈위기관리에 대한 평판의 후효과(Unpacking the halo effect: reputation and crisis management)〉라는 논문에 따르면, 기업의 평판이 위기 이전부터 아주 좋아야만 그 평판이 위기에서 기업을 보호해준다고 합니다. 웬만해서는 위기 이전의 평판이 기업을 위기로부터 즉각 보호해주지 못합니다. 오히려 기업이 어떻게 위기를 관리했는지가 평판을 득점하거나 실점할 새로운 포인트가 됩니다.

위기관리의 정석은 '최고경영자의 진정성 있는 즉시 사과, 재발 방지 대책 발표, 피해자 보호 조치'입니다. 우선 어떤 위기나 사고이든 CEO가 직접 나서서 진심으로 사과문을 발표하고 머리를 조아려야 합니다. 사과문은 구차한 변명 없이 사고를 인정하고 즉각적인 조처를 약속해야 합니다. 원인 규명이라든지 책임 공방은 조치를 먼저 하고 나서 해도 늦지 않습니다. 흔히 법무팀이나 변호사 등의 조력을 받아 사과문을 작성할 때, 자칫 쉽게 책임을 인정하면 후에 민사소송 등에서 불리하게 작용될까 싶어 법적 용어 등을 어렵게 사용하는데 사과문은 쉬울수록 좋습니다. 사과문의 목적은 용서를 구하는 데 있습니다. 잘못이 명명백백하지 않다면 유감 등이라도 표시해서 기업이 이 상황을 중대하게 여기고 있다는 취지를 보여주어야 합니다.

재발 방지 대책은 우선 선언적이어야 합니다. 그러고 나서 구체적으로 대책들을 실천해나가야 합니다. 그 대책들은 상징성도 가져야 합니다. 예를 들어 광고 문구에서 특정 인물이나 집단을 비하했다면, 그 인물이나 해당 집단에 깊이 사과하고, 직원들을 대상으로 재발 방지 내부 교육을 실시해야 합니다. 동시에 피해자에 대한 보호 조치도 신속하게 이루어져야 합니다. 피해자 보호에 대해 시간을 지체할수록 기업 평판은 하락합니다. 아주 과 감하게 즉각 이루어져야 합니다. 특히 기업이 생명을 소홀히 여 긴다는 여지가 보이면, 예를 들어 그 기업이 안전과 보건, 식품 관련 기업인데 문제에 대한 후속 조치를 소홀히 한다면 시간을 끄는 동안 하락된 평판은 회복하기 어렵습니다.

위기관리의 실패와 성공

대표적인 위기관리 실패 사례를 들자면 여성 온라인 쇼핑몰 '임 블리' 사건입니다. 임블리는 수십만 명의 인스타그램 팔로워를 가진 인플루언서 임지현 부건FNC 전 상무가 운영을 맡으며 성 장을 거듭했습니다. 그러다가 2019년 4월 한 소비자의 호박즙 곰팡이 사건으로 임블리의 '평판 유리(reputation glass)'에 아주 작 은 금이 가기 시작했습니다. 임블리는 소비자에게 곰팡이가 난 호박즙 가운데 이미 소비자가 먹은 것은 빼고 남은 수량만 교환 해주겠다고 밝혔습니다. 첫 번째 실수였습니다. 안전, 보건, 식 품, 제약에 관한 한 어느 기업이든지 인명과 관련된 위기에서는 계산기를 책상 속으로 넣어두고 소비자들을 '닥치고 보호'해야 합니다. 그런데 임블리는 기본 원칙을 무시했죠. 소비자들은 분노했고, 소셜미디어를 통해 임블리의 갑질과 소홀한 위기 대응에 대한 비난이 일기 시작했습니다.

여기서 임블리는 두 번째 실수를 범했습니다. 그간 자사의 성장 동력이자 소통 채널이었던 SNS 계정의 댓글 기능과 쇼핑몰 고객 게시판을 폐쇄한 것입니다. 임블리의 평판 유리에 큰 금이 가기 시작한 것입니다. 임블리가 소통 채널을 폐쇄하자 이미 행동을 시작한 소비자들은 특정 개인이 개설한 계정 '임블리쏘리'로 모여들었습니다.

임블리의 치명적인 세 번째 실수는 고객을 법정으로 끌고 간 것입니다. 임블리는 고객을 '영업 방해 금지 가처분'으로 고소했지만 법원은 소비자 기본권을 사유로 이를 기각했습니다. 오히려 '임블리쏘리'와 소비자들은 손해배상을 요구하는 집단소송을 제기했지요. 임블리의 평판 유리는 세 번의 큰 실수로 와장창 깨져버렸습니다.

CEO가 소비자와 진정성 있게 소통하고, 향후 대책을 발표하고, 소비자를 무조건 보호해야 한다는 기본 원칙을 전부 거스른 것입니다. 이후 임블리는 기자간담회 등을 통해 소통 노력을 하는 동시에 사과문도 발표했지만 위기관리는 언제나 타이밍이 중요합니다. 피해 입은 소비자를 무시했고, 소통 채널을 닫았으며, 고객을 법정으로 끌고 간 것은 위기관리의 실패 사례로 회자될 것입니다. 벨기에 격언 "소 몸에 검은 얼룩무늬가 없으면 얼룩소라 부르지 않는다"는 말처럼 평판이 악화되는 데에는 반드시 이유가 있기 마련입니다.

반면 국내에서 위기관리의 좋은 사례로는 '참좋은여행'을 들수 있습니다. 2019년 5월 29일(현지시간) 밤 9시께 부다페스트 다뉴브강에서 운항하던 유람선이 다른 유람선과 추돌하면서 침몰했습니다. 침몰한 유람선에는 한국인 33명 등 모두 35명이 타고 있었습니다. 여행객들은 참좋은여행에서 패키지 여행을 하던 한국 관광객들이었습니다. 참좋은여행은 사고 직후 브리핑에서 다음과 같은 취지의 사과문을 발표했습니다.

"저희 회사는 이 불행한 사고 앞에서 대표이사뿐 아니라 저희 회사의 주주들까지 참여해서 모든 비용을 아끼지 않고 모든 역량을 다해서 수습에 전념하라는 지침이 있었고 어떠한 사실도 숨기거나 왜곡시킬 의사가 전혀 없습니다. 저희 회사는 저희 회사에서 할 수 있는 모든 책임을 겸허한 마음으로 수용하고 최선을 다하여 사고를 수습하는 데 만전을 기하고 있습니다. (…) 사고를 원만하게 수습한 이후에 저희가 매를 맞을 부분은 기꺼이 달게 맞겠습니다. 현재 사고 수습은 저희뿐 아니라 정부기관과 회사 파견 인력들이 총력을 기울이고 있습니다. (…) 저희가 어떠한 사실을 의도적으로 숨기거나 피하려는 의도는 전혀 없습니다. 죄송한 것은 그 지역에 저희 직영 인력이 없는 관계로 시간이 많이 걸리는 문제, 확인이 늦어지는 문제입니다. 저희도 안타깝고 힘들지만 이해해주셨으면 좋겠습니다. 모든 책임을 회사에서 지고 사고 수습 및 처리에 소홀함이 없게 할 것을 저희 회사는 다시 한 번 머리 숙여 약속드리겠습니다."

이 사과문은 국내 기업이 지금까지 내놓은 어떤 사과문보다 진솔하고 진정성 있는 사과문이었습니다. 참좋은여행은 사과문에서 그치지 않고 사과문 내용에 어긋나지 않도록 유가족들을 사고 현장으로 신속히 대동하고 현장 수습에 전력투구하는 등 적극적으로 행동했습니다. 사고 후 많은 사람이 참좋은여행의 위기 대처 능력을 높이 평가했습니다. 참좋은여행은 기업의 책임을 피하지 않고, 매출 감소를 감수하면서까지 할 수 있는 모든 조치를 취했다고 평가받았지요. 이러한 조치 등에 힘입어 참좋은여행은 사고 한 달도 되지 않아 주가가 회복되었고 지금까지 기업명 그대로 좋은 평판을 갖고 있습니다. 위기를 극복하는 과정에서 기업 평판이 더욱더 강화된 훌륭한 사례입니다.

한편 해외에서 위기관리의 성공 사례로는 세계 최대 장난감 기업 마텔(Mattel)을 들 수 있습니다. 미국 소비자제품안전위원회는 마텔이 중국에서 만든 장난감에서 '기준치 이상의 납성분'이 검출되었다는 조사 결과를 발표했습니다. 마텔은 위기관리의 정석 프로세스를 그대로 따랐습니다. 마텔의 CEO 로버트 에커트(Robert A. Eckert)는 직접 사과하고 이 동영상을 홈페이지에 게재했습니다. 마텔은 납 페인트가 쓰인 장난감을 추가로 찾아내 생산을 중지했고, 전 세계에 이미 유통된 장난감 2,200만 개를 자발적으로 회수했습니다. 미국 의회조차도 청문회에서 마텔의 위기 대응이 정직했다고 칭찬했지요. 마텔은 위기를 기회로 만든 대표적인 기업이 되었습니다.

스타벅스는 위기관리에 있어 성공의 교과서라고 할 만큼 인종차별 논란 위기를 훌륭히 극복했습니다. 2018년 4월 12일 미국 필라델피아의 한 스타벅스 매장에서 흑인 남성 두 명이 음료를 주문하지 않고 화장실 사용을 문의하자, 매장 직원은 이를 거절하고 그들을 경찰에 신고했습니다. 저도 미국 뉴욕주 변호사로서 공부하고 경험했지만, 미국에서 '인종차별'은 미국의 헌법 정신을 기치로 흑인들의 유무형의 투쟁을 통해 지금까지도 극복하고자 하는 사회적 이슈입니다. 그런데 스타벅스가 인종차별의 도화선에 불을 붙인 것이죠. 더군다나 스타벅스의 가치는 '인간의 정신에 영감을 주고 육성하기 위하여-동시에 한 사람, 한 컵 그리고 한 이웃(To inspire and nurture the human spirit-one person, one cup and one neighborhood at a time)'입니다. 인간 존중을 표방하며 특히 지역의 '이웃'으로서 늘 친근감을 강조하던 스타벅스가 흑인 고객에게 화장실 사용조차 허락하지 않고 오히려 경찰에 신고하는 큰 실수를 저지른 것입니다. 앞에서 언급했듯이 기업이 하지 말아야 할 최악의 위기관리는 고객을 함부로 법의 범주로 끌어들이는 것입니다. 합리적이고 타당한 이유 없이 고객을 법으로 심판하려는 태도는 그 즉시 기업 평판을 바닥까지 떨어뜨립니다.

당시 스타벅스 회장 하워드 슐츠(Howard Schultz)와 CEO 케빈 존슨(Kevin Johnson)은 피해자들에게 공개적으로 사과했습니다. 존슨 CEO는 시애틀 본사에서 필라델피아까지 날아가 흑인 피해자들에게 사과했고, 방송에 출연하여 "부끄러운 일이었다"라고 재차 사과했습니다. 슐츠 회장은 재발 방지 대책을 발표하고 이를 실천했습니다. 우선 '음료 값을 지불하지 않아도 고객에게 화장실을 개방하겠다'고 약속했습니다. 재발 방지는 선언적 대책 외에도 늘 구체적인 행동이 따라야 이해관계자들이 기업의 진정성을 신뢰합니다. 스타벅스는 같은 해 6월 29일, 그러니까 사고 발생 두 달 반 뒤에 미국 8,000여 개 직영 매장 전체의 문을 닫고 17만 5,000여 명의 직원들에게 '반(反) 편견교육전문가'들과 타인에 대해 갖고 있던 편견 등에 대해 토론하고 해결 방안을 논의하는 4시간의 교육 과정을 이수시켰습니다. 이렇게 하루 매장을 닫고 영업을 하지 않은 결과, 손실은 2,000만 달러에 달했습니다.

스타벅스는 이러한 엄청난 손실을 감수하면서 자성적인 대책을 감행했습니다. 한편 케빈 존슨 CEO는 피해자를 직접 만났고, 그들이 애리조나주립대학교(Arizona State University) 온라인 학사 학위를 수료할 수 있도록 재정적 지원을 약속했습니다. 피해자들에게 형식에 그치지 않고 진정성 있고 실제적인 보상을 한 것입니다.

2018년 5월 6일 〈포브스〉에 게재된 기사 '사과의 심리학(The Psychology of Apology: How Did Starbucks' CEO Kevin Johnson Do?)'에 따르면, 스타벅스는 위기관리에 필요한 7가지 원칙을 정확히 따랐다고 평가받았습니다.

1) 실제 피해가 있었다는 사실에 대해 즉각적이고 방어적이

지 않은 인정(An immediate, non-defensive acknowledgment that real damage was done).

2) 사건에 대해 개인의 책임 인정(Taking personal responsibility for the event).

3) 피해자에 대해 귀사가 취하는 행동의 효과에 대한 구체적인 이해 전달(Conveying a specific understanding of the effect of your company's action on the victim(s)).

4) 피해자를 사소하게라도 비난하거나 사고에 대해 합리화하거나 양해를 구하지 않음(Avoiding excuses, rationalizations or the slightest hint of blaming the victim).

5) 기업의 실수나 잘못된 행동으로 받은 피해에 대한 적절한 보상(Providing appropriate compensation to those affected by the company's error or bad behavior).

6) 문제의 원인을 해결하기 위한, 특히 시스템적인 이슈에 대한 계획 세부화(Detailing a plan for addressing the cause of the problem, especially systemic issues).

7) 후속 행동에 대한 약속과 증명(A commitment to and evidence of follow-up action).

스타벅스는 위의 7가지 원칙 중 하나도 생략하지 않고 성실히 따르며 위기를 극복했습니다. 스타벅스는 이를 통해 무엇을 원했던 걸까요? 단순한 사고로 치부하여 사건을 사소하게 만들고 싶었던 것일까요? 아닙니다. 스타벅스가 지향한 위기관리는 어떤 상황에서도 지켜왔던 '지역사회의 선한 이웃'이라는 자사의 평판을 회복하고자 했던 것입니다. 그러한 분명한 목적이 있었기에 스타벅스의 위기관리는 위기 자체뿐 아니라 전사적으로 시스템 개선까지 속행되는 결과로 이어졌던 것입니다.

지금 우리나라에서 스타벅스의 평판은 어떤가요? 스타벅스 코리아는 2018년 12월 기준 바리스타부터 지역매니저에 이르기까지 1만 3,000명이 모두 정규직이라고 합니다. 장애인 바리스타도 매장 관리자가 될 수 있고, 매장 수익 일부를 지역사회에 기부하는 '커뮤니티 스토어'도 운영하고 있습니다. 근처에 스타벅스가 있으면 '스세권'이라고 해서 상권도 활성화되고, 문화 아지트로 자리 잡습니다. 간판에서 'COFFEE'라는 글자도 점차 사라지고 있죠. 스타벅스 브랜드가 부착된 소품은 옷이든 가방이든 불티나게 판매됩니다. 커피맛의 차이를 못 느끼는 저 같은 경우도 스타벅스의 분위기만큼이나 좋은 평판을 염두에 두고 스타벅스에 갑니다. 평판이 구매 의도에 영향을 미친다는 내용은

〈외식기업의 사회적 책임(CSR) 활동에 따른 기업 평판 및 브랜드 이미지가 구매 의도에 미치는 영향: 스타벅스를 중심으로〉(곽동현, 2012)라는 논문에서도 밝혀졌습니다. 지난 2016년 스타벅스 코리아의 매출은 이미 1조 원을 넘어섰고 앞으로도 좋은 평판을 바탕으로 빠르게 성장할 것으로 예측됩니다.

사람은 누구나 실수를 하며, 기업도 언제든 위기에 빠질 수 있습니다. 문제는 위기에 빠졌다는 사실이 아니라 그 위기를 어떻게 극복하느냐에 있습니다. 위기가 닥쳐왔을 때 기업이 책임을 회피하고 손익을 앞세워 보상에 머뭇거리며, 진정성 있는 사과를 회피하고 소통 채널을 폐쇄한다면 기업 평판은 점점 추락합니다. 특히 고객에게 책임을 돌리려고 고객을 법의 영역으로 끌고 가는 것은 무척 신중해야 합니다. 2014년 신라호텔 모범택시 출입문 파손 사건에서도 볼 수 있듯이, 기업이 모든 것을 법으로 처리하는 것이 능사는 아닙니다(이는 오랫동안 사내 법무를 담당했던 제 입장에서 확신합니다). 위 사건이 벌어졌을 때 택시 운전사의 사정을 전해 들은 이부진 사장은 운전사의 배상금을 면제해주었습니다. 이로 인해 이부진 사장의 평판은 더욱 높아졌지요.

위기관리가 평판관리가 될 수 있는 방법은 간단합니다. 기업이 책임을 인정하고 손실이 있어도 과감히 감수하며 피해자 보호나 재발 방지에 중점을 두면 됩니다. CEO가 진정성 있게 사과하고, 적극적으로 행동하는 고객을 오히려 수렴하는 소통 채널을 활짝 열수록 기업의 위기는 높은 평판으로 반전됩니다. 1982년 타이레놀을 복용한 사람들이 갑자기 죽음에 이르자 타이레놀을 생산한 존슨앤드존슨이 취한 타이레놀 회수 사건(존슨앤드존슨은 사건의 진상이 다 드러나기도 전에 해당 사실을 알리고 제품 광고를 전면 중단했고, 언론을 통해 현재까지의 경과를 여과 없이 발표했으며, 전국의 타이레놀 3,100만 통을 즉각 수거함)이 두고두고 성공한 위기관리 사례로 회자되는 이유도 여기에 있습니다.

평판은 소통입니다. 글로리아 오리지(Gloria Origgi)가 쓴《평판(Reputation: What it is and why it matters)》을 보면 "즉 평판(reputation)이라는 단어에서는 '반복'을 의미하는 're'라는 접두사에 초점을 맞춰볼 필요가 있다. 평판은 단순한 의견이 아니다. 평판은 언어화되어 이야기되어지고, 반복되며 퍼뜨려지는 것이고, 가장 핵심적인 속성은 '소통'이 된다는 것이다"라고 쓰여 있습니다. 제가 SERICEO에서 했던 온라인 강연의 제목이 '평판으로 소통하라'였듯이 평판의 관점에서 본다면 기업의 위기관리는 계속 반복되고 퍼지면서 또 하나의 평판을 형성합니다.

기업의 평판이 추락하면 CEO의 평판도 함께 추락합니다. 기업의 평판이 높아지면 CEO의 평판도 함께 높아집니다. 그래서 위기를 만나면 CEO는 '위기관리의 목적은 적어도 평판을 원상태로 회복하는 것이다. 더 나아가 이번 기회에 기업의 평판을 제대로 보여주고 높이는 기회로 삼자'라고 생각하고 평판관리의 일환으로 위기관리를 수행해야 합니다. 위기관리는 기업이 이전의 평판을 완전히 되찾을 때까지 끝나도 끝난 것이 아닙니다.

조용하지만 거대한 우량 자산

4차 산업혁명의 등장과 함께 공유경제가 대세입니다. '공유경제'란 '이미 있는 제품이나 서비스를 서로가 대가를 지불하고 공동으로 사용하는 협력 소비경제'를 말합니다. 공유경제는 글로벌 금융위기 시대에 유휴 자원의 활용을 통해 재원을 확보하려는 공급자의 필요에 따라 탄생한 경제구조입니다.

그런데 공유경제가 어떻게 활성화될 수 있었을까요? 판매자와 구매자는 만난 적도 없고 앞으로도 만날 일이 없습니다. 이렇게 서로 검증되지 않은 공동의 제품과 서비스를 어떻게 믿고 돈을 내며, 어떻게 안심하고 구매할 수 있었을까요? 더 이상 대면 구매가 쉽지 않은 상황 속에서 어떻게 전 세계 사람들의 상업적 거래가 가능할까요? 바로 온라인 후기 평판의 힘입니다. 제품이나 서비스 사용자가 남긴 후기와 댓글이 평판을 형성하여 공유경제를 견인한 것이죠. 체험과 구전(口傳), 지인 추천을 중요시하는 MZ세대에게 온라인 댓글 후기 평판은 매우 중요하기에 공유경제는 더욱 활성화될 수 있었습니다.

그런데 이 온라인 댓글 평판이 늘 정직하고 믿을 만할까요? 〈익명의 리뷰가 브랜드의 평판에 미치는 영향〉이라는 연구는 익명성이 온라인 평판 형성에 어떤 영향을 끼치는지 잘 보여줍니다. 이 연구에 따르면 익명의 리뷰는 책임질 위험이 없기 때문에 누구든지 어떤 사실에 대해 허위로, 혹은 부적절하게 쓸 수 있다고 합니다(〈포브스〉 2016년 5월 9일자 참조). 또한 2015년 하버드비즈니스스쿨(Harvard Business School)과 보스턴대학교(Boston University)의 공동 연구에 따르면 옐프(Yelp) 리뷰 5개 중 하나는 가짜로 판명되었다고 합니다. 이렇듯 디지털 익명성은 기술의 진보만큼이나 강력한 평판 형성의 동인이 되기도 하지만, 평판 확산에 지대한 악영향을 끼치고 있습니다. 그리고 그렇게 왜곡된 온라인 평판은 결국 소비자를 혼란스럽게 만들고, 공유경제의 바탕이 되는 '신뢰에 기반한 소비'를 해칩니다. 허위 댓글에 속아 제품이나 서비스를 구매하고, 그로 인해 다른 선량한 경제

주체들까지 피해 보는 사례가 허다해지니까요. 다시 말해 온라인 댓글 평판이 중요한 자산으로 등장했지만, 그에 대한 불신도 무척 커진 상황입니다. 국내 1위였던 한 영유아 매트 업체는 경쟁 업체의 조직적 비방글로 인해 수백억 원의 매출 피해를 보기도 했습니다. 이 업체는 친환경인증을 되찾았지만 경쟁 업체가 악의적으로 비방 댓글을 달아 결국은 소비자까지 고스란히 피해를 입고 말았습니다.

최근에는 권위 있는 맛집 추천으로 그 자체가 평판 플랫폼이었던 '미쉐린 가이드(Michelin Guide)'도 이슈에 휩싸였습니다. 120년의 역사를 지닌 미쉐린 가이드는 암행 평가로 전 세계 주요 맛집을 선정합니다. 최고의 맛집에 별 3개를 수여하는데, 별 하나의 가치가 100억 원에 달한다고 합니다. 그런데 일반 후기나 댓글에 비해 경쟁력을 가졌던 미쉐린 가이드의 '공정성과 객관성'에 의문을 제기하는 상황이 최근에 발생했습니다. 레스토랑 선정 과정에서 금전 관계 의혹을 제기한 레스토랑이 생기고, 음식을 기계적으로 평가하지 말라며 별을 반납하거나 별 리스트에서 빼달라고 요청하는 레스토랑이 속속 생겨나고 있는 것이죠. 프랑스의 유명 요리사 마르크 베라(Marc Veyrat)는 미쉐린 가이드의 구체적인 평가 기준을 공개하라며 프랑스 법원에 소송을 제기하기도 했습니다. 공유경제 속 댓글 평판이 중요해지면서 미쉐린 가이드의 평가에도 도전이 제기되고 있는 상황입니다.

공유경제는 거스를 수 없는 대세입니다. 그 속에서 댓글과 후기, 평점을 잘 관리하면 공유경제는 기회가 됩니다. 택시 한 대를 이용하고 나서도 운전기사에 대해 별을 달아 평판을 축적하는 시대입니다. 예전에도 평판은 구전효과(word of mouth)로 전달되고 확산되었습니다. 하지만 이제는 디지털 환경에서 평판은 인공지능과 빅데이터로 더욱 정교하게 축적되고 순환되어 공유경제 관련 사업을 할 때 결코 무시할 수 없는 자산이 되었습니다. 데이비드 월러(David Waller)와 루퍼트 영거(Rupert Younger)가 쓴《평판게임(The Reputation Game)》에 따르면 "글로벌 정보 분석기관 닐슨이 전 세계 56개국 2만 8,000명을 대상으로 실시한 설문 결과, 온라인 소비자 평가는 친구와 가족의 추천 다음으로 신뢰도가 높았다. 뿐만 아니라 전체 소비자의 3분의 2 이상이 다른 사용자의 평가를 보고 구매를 결정한다"고 합니다.

물론 제품과 서비스에 대한 고객 추천은 이전에도 'NPS(Net Promotor Score)'라고 하여 지수화되어 있었습니다. 그런데 NPS는 지수로 평가되는 반면, 댓글이나 후기는 그 자체가 경험담을 담아 서술하고 있어 단순한 숫자보다 소비자들이 더욱 신뢰합니다. 그런데 리뷰 자체가 익명이다 보니 종종 자극적이면서도 무책임한 댓글들이 소비자의 정당한 선택을 왜곡하기도 하지요. 이런 현상은 우리나라에서만 일어나는 일이 아닙니다. 중국의 호텔과 음식점 리뷰앱 마펑위(马蜂窝)의 리뷰는 85퍼센트가 조작되었다는 폭로도 나왔고, 영국의 트립어드바이저(TripAdvisor), 인도의 조마토(ZOMATO) 등도 가짜 리뷰 시비에 휩싸여 있습니다.

공유경제 속 댓글과 후기

그렇다면 공유경제 속에서 우량 자산으로 활용될 수도 있고, 불량자산으로 엄청난 피해를 안겨줄 수도 있는 온라인 댓글 평판을 어떻게 하면 잘 관리할 수 있을까요? 온라인 댓글 평판의 왜곡을 선제적으로 막는 것이 중요합니다. 평판은 그냥 두면 혼자 태어나 마음대로 자랍니다. 경쟁사가 악의적인 댓글을 달아 평판을 조작할 수도 있습니다. 심지어 사용 경험도 없는 소비자가 리뷰를 달아 영업을 방해할 수도 있지요. 블랙슈머(blacksumer, 악성을 뜻하는 블랙(black)과 소비자를 뜻하는 컨슈머(consumer)를 합친 말로, 기업 등을 상대로 개인의 이익을 챙기기 위해 의도적으로 악성 민원을 제기하는 소비자)가 보상을 목적으로 악플을 달아 금전을 요구할 수도 있습니다. 그래서 공유경제 속에서는 평판의 왜곡을 막는 것이 중요합니다. 만약 허위 리뷰 혹은 상당히 악의적인 리뷰가 게시되었다면 기업은 다음과 같이 네 가지의 순서를 밟아 상황을 바로잡아야 합니다.

첫째, 허위나 악의적인 댓글을 보면 그 내용을 심각하고 진지하게 검토해보아야 합니다. 법에서 악의란 반드시 나쁜 생각으로 한 행동뿐 아니라, 그렇지 않은 줄 알면서도 행동한 것을 모두 가리킵니다. 예를 들어 한 소비자가 식당 사용 후기에서 음식에서 머리카락이 나왔다고 리뷰를 달았는데 사실은 머리카락이 아니고 음식 재료에 포함된 아주 가느다란 채소 곁가지였고, 소비자가 이를 알면서도 머리카락이라고 말한 경우도 악의라고 할 수 있습니다. 허위든 악의든 오해든 기업은 아주 사소한 내용이라도 무시하지 말고 사실 여부를 확인해보아야 합니다. 최대한 신속히, 그리고 정확히 사실을 확인해야 합니다.

둘째, 만약 그 댓글이 사실이라면 즉시 정정하고 사과한 뒤 합당한 보상을 해야겠지만, 만약 사실이 아니라면 강력하고 신속하게 부인해야 합니다. 댓글이나 리뷰는 생각보다 훨씬 빨리 확산되며 확증됩니다. 즉 기업이 사실을 확인한다고 어영부영 방치해두는 순간 수많은 소비자들은 그 댓글을 초단위로 보면서 구매 판단을 내리며, 동시에 그 판단의 근거를 주변에 확산시킵니다. 따라서 사실이 아니라면 즉각 강력하게 부인해야 합니다. 애매모호한 태도는 오해와 불신만 더 증폭시킬 뿐입니다.

셋째, 단순히 부인에 그치지 않고 어떤 근거와 증거가 있는지 아주 확실하게 제시해야 합니다. 예를 들어 머리카락처럼 보이지만 사실은 아주 가느다란 채소 줄기라는 것을 아주 확실하게 구체적으로 제시해야 합니다. 경쟁 업체가 아니고서는 악의, 허위, 비방 목적의 리뷰는 일반적으로 정교하지 않습니다. 그렇다고 대응을 대충해서는 안 됩니다. 후에 재판에서 증거로 사용될 수도 있다는 점을 염두에 두고 아주 적확하게 반증을 제시해야 합니다. 여기까지가 허위, 비방 목적, 악의성 리뷰나 사용 후기를 조기 진화하는 방법입니다.

그런데 여기서 멈추면 기업의 입장을 명확히 했다 하더라도 결국은 최소한 한 명의 소비자는 잃습니다. 즉 기업의 반박으로 감정이 상한 소비자(댓글을 쓴 소비자)가 생긴다는 뜻이죠. 따라서 마지막 단계에서는 그 소비자에게 성심성의껏 유감을 표명하고, 설령 그 소비자가 잘못했다 하더라도 '고객은 늘 책임이 없다'라는 전제하에 적대적으로 대하지 말고, 호의적으로 답변하여 마무리하는 것이 좋습니다. 전반적인 상황을 보았을 때 정말 소비자가 악의적이지 않았다면 앞으로 기업이 조금 더 신경 쓰겠다는 의미로 지적해준 고객에게 조그마한 증정품을 제공하는 것도 한 방법입니다.

리뷰나 댓글의 가장 큰 부정적인 효과는 루머입니다. 루머, 즉 괴소문이 돌면 제품이나 서비스에 모두 치명적인 영향을 끼칩니다. 리뷰와 관련된 사건은 아니었지만 괴소문에 대해서 미숙하게 대응했던 사례로는 스내플(Snapple)을 들 수 있습니다. 1992년 미국의 소프트드링크 메이커 스내플은 미국의 인종차별단체 KKK의 지지를 받고 있다는 소문에 휩싸였습니다. 하지만 스내플은 이 소문을 대단하게 생각하지 않고 대응을 미루었습니다. 하지만 1993년에 이르면서 이 소문은 더 구체화되어, 스내플 라벨지에 써 있는 소문자 k가 실은 KKK의 약자라는 소문으로까지 확대되었습니다. 스내플은 그 해 광고를 통해 "우리는 KKK든 누구든 어떤 단체와도 관련되어 있지 않음을 분명히 밝힙니다"라고 못 박았지만, 1년여 동안 소문을 방치한 탓에 값비싼 대가를 치러야 했습니다. 기업 입장에서 말도 안 되는 부정적인 댓글이나 괴소문이라도 추문으로 번지기 전에 즉각 이를 모니터하여 정정해야 한다는 걸 입증하는 사례입니다.

그렇다면 소비자의 리뷰나 사용 후기가 사실이라면 어떻게 해야 할까요? 기업은 손해를 감수하고라도 리뷰 릴레이(review relay)를 방지하기 위해 즉각적인 조치를 취해야 합니다. 리뷰에 관련된 사안은 아니지만 역시 기업의 즉각적인 대응이 기업의 평판을 높였던 사례로 페리에(Perrier) 사건을 들 수 있습니다. 1990년 2월 페리에 병이 벤젠에 오염되자, 페리에는 전 세계 매장에 있는 1억 6,000만 병의 페리에를 회수했습니다. 과도한 조치일 수도 있었지만, 페리에의 귀스타브 르방(Gustave Leven) 대표는 "우리는 페리에가 아주 사소한 의심이라도 받길 원하지 않는다"라며 과감한 조치를 취했고, 몇 주 뒤 페리에는 다시 판매세를 회복했습니다.

앞으로도 공유경제 속 댓글, 후기, 리뷰, 평점에 따른 소비는 더욱 가속화될 것입니다. 그리고 그러한 '댓글 참조' 소비 성향은 점차 시스템적으로 개선되어갈 것입니다. 한 검색 엔진은 사용자가 식당 영수증을 제시하지 못하면 사용 후기를 달지 못하게 합니다. 아마존은 수백만 개의 입점 매장들에 대한 소비자들의 별점 평가에 대해 인공지능 알고리즘을 활용해서 가짜 평가를 찾아내고, 만약 그 가짜 평가가 일정 기준을 넘어서면 바로 그 매장을 폐쇄합니다. 자사나 경쟁사가 별점을 너무 많이 주거

부를 부르는 평판

나 적게 주는 등의 이유로 평가가 왜곡되면 이를 철저히 조사하여 식별함으로써 소비자들이 정당한 소비를 할 수 있도록 '소비자 주권'을 보장합니다. 소비자들의 소비 성향과 디지털 기술의 발전은 앞으로 온라인 댓글의 평점 기능을 더 강화할 것이고, 따라서 온라인 댓글 평판은 앞으로 더욱 거대한 우량 자산으로 축적되어갈 것입니다.

인도 격언에 "당신의 평판은 넘치든 모자라든 당신을 알리는 역할을 할 것"이라는 말이 있습니다. 이처럼 공유경제 속 댓글과 후기는 이 시간에도 평판이 되어 당신을 어떤 식으로든 계속 알리고 있을 것입니다.

소셜임팩트
신뢰할 만한 기업 평판 조사의 시작

그간 기업 평판에 대한 측정이 상대적으로 취약했던 우리나라에서도 최근 기업 평판에 대한 조사가 이루어졌습니다. 〈한국경제신문〉과 글로벌 시장조사 업체인 입소스(Ipsos) 그리고 온라인 패널 조사 기업 피엠아이(PMI)가 공동으로 실시한 '2019 한경-입소스-피엠아이 기업 소셜임팩트 조사(CSIS)'가 그것입니다. 〈한국경제신문〉 2019년 9월 18일자 보도에 따르면 소셜임팩트는 "지속가능한 발전을 목표로 개인, 조직, 기업, 국가 등이 사회에 미치는 긍정적인 영향, 평판"을 의미합니다. 조사는 크게 기업의 사회적 활동을 포함해 가장 신뢰하는 브랜드를 선정하는 '소셜임팩트 브랜드', 품질과 디자인 등 제품과 서비스에 대해 평가하는 '제품서비스지수', 윤리와 친환경 등 비재무적 요인을 평가하는 '기업책임지수' 3개로 이루어졌습니다.

　조사 결과, 소비자는 제품의 기능뿐 아니라 브랜드의 사회적 평판도 중시하는 것으로 나타나, 설문 응답자의 82.8퍼센트가 제품이나 서비스를 구매할 때 해당 기업의 사회적 평판 등에 영향을 받는다고 답했습니다. 입소스 창업주이자 회장 디디에 트루쇼(Didier Truchot)는 소비자가 기업 평판을 예전보다 중시하는 이유에 대해 "시장에 대한 이해도가 과거보다 훨씬 높아졌기 때문입니다. 평균 학력이 높아지고, 정보를 보다 많이 접하게 되면서, 소비자는 자신들이 어떤 제품을 구매할지 정확히 이해하기 시작했습니다"라고 밝혔습니다(〈한국경제신문〉 2019년 12월 11일자 참조).

그간 국내에서도 브랜드 평가가 다양한 기관에서 불명확한 기준으로 이루어졌다는 일부 비판이 있었습니다. 2018년 한 브랜드 평판 조사기관이 선정한 우수 브랜드는 183개로, 평창 동계올림픽 메달 수 102개보다 많았다고 합니다. 그러다 보니 고객들은 도대체 어떤 기업과 제품, 서비스를 신뢰하고 구매해야 하는지 혼동을 일으킬 수밖에 없습니다. 그런 면에서 미국의 닐슨, 영국의 칸타(kantar) 등과 글로벌 3대 마케팅 조사 업체인 입소스가 〈한국경제신문〉과 지난해 처음 실시한 기업 평판 조사는 앞으로 미국의 〈포천〉이나 〈포브스〉만큼 권위 있고 신뢰도 높은 평판 조사 결과를 발표하고 축적할 것이라고 기대해봅니다.

2

현재의 평판을 점검하라

PISTACHIO

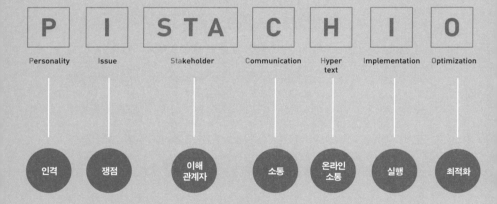

P	I	STA	C	H	I	O
Personality	Issue	Stakeholder	Communication	Hyper text	Implementation	Optimization
인격	쟁점	이해 관계자	소통	온라인 소통	실행	최적화

새로운
평판 점검 프로세스,
피스타치오

대부분의 최고경영자들은 자사(自社)의 규모가 크지 않으면 '우리는 구멍가게야'라고 생각하며 평판을 돌아보려 하지 않습니다. 하지만 평판은 기업의 규모와 관계없습니다. 심지어 1인기업도 평판이 중요합니다. 늘 자사의 평판을 돌아봐야 하는 이유는 무엇일까요?

첫째, 규모가 크든 작든 기업은 늘 선택받아야 하기 때문입니다. 원청사에 선택을 받고, 고객에게 선택을 받아야 합니다. 아무리 작은 동네 슈퍼마켓이라도 선택을 받아야 바로 옆에 있는 대형 마트와 차별화되어 살아남을 수 있습니다. 그렇게 선택받는 기준이 바로 평판입니다. 이 가게는 대형 마트보다 제품이 신선하다든지, 배달을 빨리 해준다든지 하는 평판 말입니다.

둘째, 작은 평판이 쌓여 큰 평판이 되기 때문입니다. 회사가 많이 모여 있는 곳에 위치한 식당 중에 매출이 높은 식당에는 공통점이 있습니다. 반찬 인심이 후하다는 점입니다. 인색하거나 불친절하다고 소문이 나면 회사 인트라넷에 거명되어 입소문이 퍼집니다. 그러면 그 식당은 문 닫을 준비를 해야 합니다. 규모나 업종과 관계없이 평판은 이렇게 중요합니다. 특히 요즘처럼 스타트업이 유니콘이 되는 시대에는 기업 규모가 작을 때부터 미리미리 큰 회사가 될 준비를 해두어야 합니다.

셋째, 정작 자기 자신에 대한 평판은 잘 모르기 때문입니다. 개인도 자신을 둘러싼 평판을 잘 모르는 경우가 많습니다. 기업도 그렇습니다. 업계에서 자사의 평판이 어떤지 잘 모르는 경우가 많습니다. 오직 기업이 원하는 방향으로 전진하면서 마케팅이나 세일즈에 집중하다 보면 제품이나 서비스를 선택하게 하는 묵직한 힘, 즉 평판을 놓치는 경우가 많습니다.

물론 대기업들은 여러 기관과 함께 자사의 평판을 여론조사 등으로 끊임없이 모니터링합니다. 그래서 대기업들은 자사의 평판에 대해 장단점을 잘 알고 있고, 따라서 단점은 지속적으로 개선하고 장점은 부각합니다. 하지만 중소기업들은 그렇지 못합니다. 자사의 평판을 돌아볼 겨를이 없지요. 그래서 저는 어떤 기업에서든 활용할 수 있는 평판 점검 프로세스를 개발했습니다. 기업이 이해관계자들에게 매력적으로 보이고 싶다면 우선 현재 기업이 어디에 있는지부터 살펴보아야 합니다. 즉 평판 측면에서 'where we are'를 점검하는 데서 평판관리는 시작된다는 걸 명심해야 합니다. 제가 개발한 프로세스는 다음과 같이 '피스타치오(PISTACHIO)'라고 합니다.

- P: Personality
- I: Issue
- STA: Stakeholder
- C: Communication
- H: Hypertext
- I: Implementation
- O: Optimization

피스타치오는 각 프로세스의 영어 단어 첫 글자를 딴 것입니다. 우선 P는 '인격(Personality)'입니다. 기업이 어떤 인격을 가지고 있는지 스스로 돌아보아야 합니다. I는 '쟁점(Issue)'입니다. 기업을 둘러싼 쟁점들이 무엇인지 살펴보아야 합니다. 종종 기업들은 자사와 관련된 이슈조차 사전에 파악하지 못하는 경우가 많습니다. STA는 '이해관계자(Stakeholder)'입니다. 기업에는 여러 이해관계자가 있습니다. 평판관리는 결국 이해관계자들에게 기업이 얼마나 매력적으로 보이는가에 달려 있습니다. 그러니 이해관계자가 누구인지 알아야 합니다. C는 '소통(Communication)'입니다. 기업은 평판을 소통해야 합니다. 어떻게 평판을 소통해왔는지, 기업의 어떤 매력을 알려왔는지 점검해야 합니다. H는 '온라인 소통(Hypertext)'입니다. 요즘은 '온라인'상의 평판이 어떻게 축적되어 왔는지가 특히 중요합니다. I는 '실행(Implementation)'입니다. 기업이 단순히 이미지나 광고로 평판을 다루는 것이 아니라 CSR로 어떻게 실천했는지 확인해야 합니다. O는 '최적화(Optimization)'입니다. 평판 점검과 관리 실행을 늘 최종적으로 최적화해야 합니다.

이 피스타치오 과정은 내부적으로 아주 쉽게 운영될 수 있습니다. 우선 CEO부터 자사가 가진 인격 혹은 정체성(identity)은 무엇일까 한번 생각해보기 바랍니다. 현대자동차그룹은 고 정주영 회장의 '해봤어?'라는 정신으로 무장한 불도저 같은 추진력이 떠오릅니다. 삼성은 어떤가요? 예전에는 삼성 하면 파란 양복에 하얀 셔츠 그리고 시스템의 삼성이나 관리의 삼성 같은 인격이 떠올랐습니다. LG는 조화와 자율을 중시하는 문화로 유명했습니다. 이렇듯 실제로 우리는 오래전부터 기업의 인격에 대해 고민해왔습니다.

　인격이 정리되었다면 다음은 자사를 둘러싼 여러 이슈를 정리해보기 바랍니다. 기업을 늘 골치 아프게 하거나 기업이 조심해야 하는 이슈들 말입니다. 예를 들어 프랜차이즈 기업은 가맹점주들과의 관계가 이슈일 겁니다. 그들의 불만이나 건의 사항을 어떻게 수용하고 해결할 것인가를 중요하게 여겨야 합니다. 다음은 이해관계자입니다. 이해관계자라고 하면 범위가 무척 넓을 수도, 좁을 수도 있습니다. 하지만 적어도 확실한 이해관계자는 기업 경영진의 휴대전화에 저장되어 있는 개인이나 개별 그룹입니다. 그들은 강력한 이해관계자입니다. 이렇게 기업의 인격, 이슈, 이해관계자는 확정할 수 있는 요소입니다.

　자사의 정체성과 이슈가 정리되면 이제 기업이 펼쳐온 활동 세 가지를 정리해보아야 합니다. 단순히 홍보 PR에 국한되지 않고 기업이 온라인이나 오프라인에서 해왔던 일체의 커뮤니케이션을 정리해야 하죠. 그리고 그 커뮤니케이션에서 기업은 어떤 매력을 보이고 싶어 했는지도 함께 정리해야 합니다. 그다음은 커뮤니케이션을 넘어서서 기업이 했던 사회적 책임활동을 정리해야 합니다. 대중은 들은 것보다 목격한 것 그리고 목격한 것보다는 체험한 것을 더 믿습니다. 기업이 어떤 사회적 활동을 했고, 얼마의 예산을 투입했는지 점검해보아야 합니다.

이 모두의 종합이 현재까지의 기업 평판입니다. 기업이 열심히 보여준 매력의 현주소인 것입니다. 결국 평판관리란 '기업의 현재 평판 좌표'를 파악하여 '기업이 가고 싶어 하는 평판 좌표'로 가는 일련의 경영활동입니다.

그럼 지금부터 구체적인 점검 과정과 실제 기업 사례를 통해 평판 점검 프로세스의 중요성에 대해 이야기해보겠습니다.

인격

일정한 법적 절차를 갖추어 설립된 기업을 법인(法人)이라고 합니다. 법적인 인간이라는 뜻입니다. 그래서 기업에도 사람처럼 인격(corporate personality)이 있습니다. 원래 인격은 '일관되게 나타나는 인간의 성격·경향'을 말합니다. '인격'에서의 '격(格)'은 고정된 중심을 의미하며, 시간상의 변화를 통해 유지되는 요건을 말합니다. 기업의 인격도 기업이 대중에게 일관되게 보이는 '정체성 및 이미지'를 의미합니다. 인간과 마찬가지로 기업의 인격도 잘 구조화되어야만 평판도 좋습니다. 세계적인 평판전문가 제니퍼 잰슨(Jennifer Janson)도 "훌륭한 평판을 만들기 위해서는 기업의 정체성을 잡는 것이 매우 중요하다. 따라서 기업의 평판은 대중들이 기업의 일관된 인격을 인식하는 것에서부터 출발한다"라고 말했습니다.

많은 이해관계자는 기업을 '의인화(anthropomorphism)'하여 그 기업을 평가합니다. 따라서 현재 기업의 평판을 점검하려면 기업의 인격부터 찾아야 합니다. 인격을 찾는 가장 효과적인 단서는 기업의 '정체성'입니다. 기업의 정체성을 이미지화할 경우 대중은 그 정체성을 통해 기업의 이미지를 떠올리고, 최종적으로 그것이 기업의 인격으로 자리 잡습니다. 이에 대해 막토바 오마르(Maktoba Omar) 교수도 자신의 논문 〈기업 평판과 브랜드 정체성의 관리와 유지(Managing and Maintaining Corporate Reputation and Brand Identity)〉에서 "기업의 안정적인 인격은 곧 기업의 정체성과 밀접하게 관련이 있다"라고 말했습니다. 기업의 정체성이란 임직원들이 이해관계자들을 대하는 접근 방식에 대해 어떻게 일반적으로 이해하고, 어떻게 업무를 수행하며, 그들을 어떻게 대하는지 보는 바로미터입니다. 그러한 기업의 정체성을 찾는 방법에는 크게 두 가지가 있습니다. 하나는 기업의 인격을 '유추'하는 방법이며, 또 하나는 기업의 인격을 '정리'하는 방법입니다.

먼저 기업의 인격을 유추하는 방법에는 무엇이 있을까요? 기업의 창업자 혹은 창업자 정신이 기업의 정체성과 가장 즉각적으로 연결됩니다. 기업의 창업 정신은 곧 기업의 목적이자 핵심 가치이기 때문입니다. 마크 베니오프(Marc Benioff)라는 인물이 있습니다. 그는 미국의 클라우드 컴퓨팅 기업인 세일즈포스(Salesforce)의 창립자이자 자선가로 이름 높은 인물입니다. 2017년 한 해만 해도 그는 캘리포니아대학교(University of California)에 3,100만 달러를 기부했습니다. 같은 해에 550만 달러를 샌프란시스코의 노숙자를 위해 기부했으며, 460만 달러를 해양 보호를 위해 기부했습니다. 그뿐만이 아닙니다. 기업 차원에서도 자선 행사를 이어가고 있는데요. 1999년에는 제품의 1퍼센트, 자본금의 1퍼센트, 근무시간 중 1퍼센트를 지역사회에 다시 기부하는 '1-1-1 자선모델'을 만들었습니다. 세일즈포스는 비영리재단 '서약 1퍼센트'와 파트너십을 체결했고, 700개 이상의 기업이 이 운동에 참여하고 있습니다. 세일즈포스는 자사의 비영리단체를 통해 사회적 책임을 실천하고 있습니다. 이 단체는 크게 기술, 투자, 지역사회로 구분하여 자사의 기술을 공유함으로써 비영리단체를 지원하고 있으며, 교육기관에 재정적으로 직업 교육 등을 지원하고 있고, 매칭 등을 통해 직원들의 자원봉사를 독려하고 있습니다.

이렇듯 창립자 마크 베니오프와 그가 창립한 세일즈포스는 정확히 그 정체성이 일치합니다. 베니오프는 "나는 사업을 하고 선을 행하는 것 중 하나를 선택할 필요가 없다는 것을 깨달았다. 나는 이 두 가지 가치를 일치시키고, 동시에 두 가지 모두에서 성공하기 위해 노력할 수 있었다"라고 말했습니다. 세일즈포스의 슬로건은 "우리는 선을 위해 사용되는 기술이 세상을 바꿀 수 있다고 믿습니다"입니다. 창립자의 인격으로 기업의 인격을 정확히 유추해볼 수 있는 아주 좋은 예입니다. 2018년 〈포브스〉가 발표한 미국의 최고 기부자 50인(America's Top 50 Givers) 중에 마크 베니오프는 29위에 올랐고, 세일즈포스는 2018년 〈포천〉이 발표한 세계에서 가장 존경받는 기업 15위에 랭크되었습니다.

기업의 인격을 유추해볼 수 있는 사례는 또 있습니다. 제프 베조스(Jeff Bezos)와 아마존입니다. 제프 베조스는 늘 남이 하지 않는 새로운 시도를 해왔습니다. 어렸을 때는 형제들의 괴롭힘을 막아 보려 자기 방에 경보기까지 설치했다고 합니다. 그런 새로운 시도를 즐기는 성격이 전자책 장치 '킨들(Kindle)'을 개발하게 했고, 인공지능 비서 '알렉사(Alexa)'를 개발하게 했으며, 드론으로 상품을 배송하는 혁신성도 실현시켰습니다. 제프 베조스는 거액의 연봉을 마다하고 '후회 최소화관점(regret minimization framework)'으로 위험을 기꺼이 감수하며 아마존을 창립했습니다. 이러한 제프 베조스의 리스크 테이커(risk taker) 기질은 손해를 보더라도 기업은 계속 투자해야 한다는 아마존 문화로 내재되었습니다. 아마존은, 비록 실패했지만, 과감하게 '파이어 폰(Fire Phone)'을 론칭했고, 유통업체 홀푸드(Wholefood)를 인수하여 성공적으로 운영했습니다. 제프 베조스는 늘 장기적으로 앞서 생각하라고 권합니다. 그런 생각으로 텍사스에 '1만 년 시계'를 건설했습니다. 1년에 한 번 바늘이 움직이고 천 년에 한번 뻐꾸기가 모습을 드러내는 시계입니다.

이러한 제프 베조스의 장기적인 관점은 장기적인 성장을 추구하는 아마존의 인격으로 자리 잡았습니다. 2013년 4월 아마존은 주주들에게 "멀리 보고 고객과 주주들 간의 이익을 정렬하자"며 다소 희생이 따르더라도 그해 이익을 재투자하자는 서한을 보냈습니다. 아마존은 2015년 전년대비 20.3퍼센트, 2016년 27.8

부를 부르는 평판

퍼센트, 2017년 30.8퍼센트, 2018년 37.1퍼센트 성장률을 보이고 있습니다. 매우 혁신적이고 기꺼이 위험을 감수하며 장기적으로 인생을 경영하는 제프 베조스의 인격과 아마존의 인격이 그대로 일치했음을 볼 수 있는 대목이죠. 아마존은 2018년 〈포천〉이 선정한 세계에서 가장 존경받는 기업 2위로 선정되었습니다.

'착한 소비'의 대명사인 아웃도어 기업 파타고니아(Patagonia)는 매년 매출의 1퍼센트를 '지구에 내는 세금' 명목으로 환경단체에 후원하고, 유기농 목화 등 친환경 소재만 고집하며, 1993년에는 플라스틱 빈 병을 재활용하여 재킷을 만들기도 했습니다. 자사의 매장에서 중고 의류를 팔거나 '이 재킷을 사지 마세요(Don't Buy This Jacket)'라는 신문 광고를 게재하여 큰 화제를 불러일으키기도 했습니다. 최근에는 파타고니아가 사업을 운영하며 배출하는 이산화탄소, 사용하는 물 등을 공급망 단계별로 추적하는 '발자국 활동(Footprint Chronicles)'도 펼치고 있습니다. 이모든 활동이 파타고니아 창립자이자 산악 등반가 이본 쉬너드(Yvon Chouinard)가 중요하게 생각하는 환경보호에 대한 가치에 뿌리를 두고 있습니다.

기업의 인격을 '정리'하는 또 다른 방법은 '인버타이징(in-vertising)'입니다. 고객을 위한 외부 광고가 '애드버타이징(advertising)'이라면, 직원들을 위한 내부 광고가 인버타이징입니다. 인버타이징은 기업의 자기소개서라고 할 수 있습니다. 따라서 기업이 자사의 인격과 정체성을 정리하는 데 최고의 툴이지요. 가장 대표적인 방법으로는 기존에 뉴스레터 등으로 전달되던 기업의 비전, 핵심 가치 등을 영상이나 미디어 등에 담아서 직원들과 공유하는 것입니다.

사우스웨스트항공(Southwest Airline)은 '우리의 목적과 비전'이라는 인버타이징에서 고객들과 직원들 간의 '친절한 만남'을 지속적으로 보여줍니다. 직원들이 해외 파병 군인과 그 가족이 마지막 인사를 나눌 수 있게 도운 내용, 직원들이 단체 댄스를 추며 승객들에게 웃음을 주는 내용 등 감동적이고 유쾌한 스토리를 10여 분짜리 동영상으로 담았습니다. 많은 사람이 사우스웨스트항공의 창립자는 몰라도, 그 기업이 친절하고 유쾌한 서비스를 제공한다는 사실은 잘 알고 있을 겁니다. 그리고 그 서비스는 사우스웨스트의 인격으로 기억됩니다.

인격은 반드시 고고하거나 우월한 것이 아닙니다. 보이고자 하는 정체성(desired identity)이고 이미지입니다. 심지어 인버타이징은 종종 유튜브 등에 공개되어 외부 평판을 높이기도 합니다. 인버타이징을 통해 고객들도 기업의 핵심 가치와 기업이 추구하는 서비스를 확실히 알 수 있기 때문입니다. 또한 인버타이징은 직원들에게 기업 문화를 제대로 알리는 수단으로 내부 평판뿐 아니라 외부 평판도 높이는 좋은 툴입니다.

　기업의 정체성이 이미지로, 그리고 그 이미지가 대중에게 각인되면 그것은 기업의 인격으로 자리 잡습니다. 기업은 자사의 정체성을 바탕으로 인격을 갖추어야 합니다. 그리고 그 인격은 한마디 혹은 하나의 문장으로 정리될 수 있을 정도로 정제되어야 합니다. 기업의 인격은 창업 정신, 핵심 가치, 시장에서 고객에게 제공하고 있는 약속 그리고 직원들이 느끼는 일에 대한 의미와 목적 등에서 단서를 찾을 수 있습니다. 디즈니의 창립자인 월트 디즈니(Walt Disney)는 인격에 관해 "나는 각각의 만화 캐릭터에 대해 완전한 인격을 구축하려고 노력합니다. 그들을 유명하게 만들기 위해서죠(I try to build a full personality for each of our cartoon characters-to make them personalities)"라고 말했습니다 '퍼스널리티(personality)'와 '퍼스널리티즈(personalities)' 두 단어를 재치 있게 사용한 명문입니다. '인격'이라는 단어가 복수가 되면 '명성'이라는 의미가 됩니다. 지금 기업이 외부적으로 인식되거나 내부적으로 보이는 인격, 즉 정체성이 무엇인지부터 확인해 보는 것이 기업 평판의 바로미터가 됩니다.

쟁점

저는 여러 기업의 법무팀에서 직장 생활을 했습니다. 그곳에서 기업에 닥친 문제를 직접적 혹은 간접적으로 경험했지요. 그러면서 확실히 얻은 교훈은 조그만 문제라도 얕보거나 초기에 잘못 판단하면 나중에는 계약자 간의 소송, 공권력의 개입, 고객의 불매운동 등 큰 문제로 비화될 수 있다는 점이었습니다. 문제는 처음부터 문제라고 쓰여 있지 않습니다. 처음에는 그저 작은 관심거리로 나타납니다. 그런데 기업이 그 관심거리를 잘 다루지 않으면 그제야 큰 문제로 발전합니다. 처음에는 사소할 수 있지만 나중에는 큰 걱정거리가 될 수 있는 문제를 보통 '이슈'라고 하는데, 조그만 문제일 때는 '스몰 이슈'가 되지만, 그 문제가 기업의 걱정거리로 커지면 '빅 이슈'가 됩니다. 그리고 이 빅 이슈는 기업 평판에 악영향을 끼치고, 심지어는 기업의 생사까지 좌지우지합니다. 그래서 이슈가 조그만 '관심거리'일 때, 즉 스몰 이슈일 때부터 이를 관리해야 합니다.

블랙록(BlackRock)이라는 기업이 있습니다. 1988년 설립된 미국의 투자기업으로 2018년 12월 기준으로 자산이 5조 9,200억 달러에 이르는 세계 최대의 자산관리사입니다. 흔히 투자 업종은 타 업종보다 빠른 시일에 엄청난 재정적 수익을 얻습니다. 반면 진입 장벽도 낮고 매우 경쟁적인 시장이죠. 특히 정부로부터 무척 엄격한 법적 규제를 받기도 합니다. 투자자들은 자신의 돈이나 자산을 믿고 맡길 수 있는 기업이 되길 요구합니다. 그럴수록 언제나 예기치 않은 이슈에 휘말릴 수 있습니다. 하지만 블랙록은 이렇게 엄격한 규제와 냉혹한 경쟁 환경, 예기치 않은 이슈들 속에서도 여전히 세계 최대의 자산관리사이자 신뢰받는 금융사라는 '명성'을 유지하고 있습니다. 자사의 평판에 영향을 미칠 수 있는 문제를 예상하고 사전 혹은 사후에라도 스몰 이슈가 빅 이슈가 되지 않도록 적극 대응해왔기 때문입니다.

자산의 관리 운용과 관련해서 블랙록과 환경단체 사이에는 늘 이슈가 있었습니다. 그동안 블랙록이 석탄, 석유, 가스 등 기후변화에 영향을 끼칠 수 있는 기업에 투자하고 있었기 때문입니다. 환경단체는 에너지 기업 등에 투자하고 있는 블랙록도 환경문제의 주범 중 하나라고 공격해왔습니다. 블랙록은 이런 환경단체의 항의에 어떻게 대응했을까요?

우선 블랙록의 CEO 로런스 핑크(Laurence Fink)는 자사가 투자하는 기업에 '기후변화를 둘러싼 지구환경에도 기여해줄 것'을 요구했습니다. 실제로 블랙록은 2018년도 '블랙록 투자 스튜어드십 연차보고서'에서도 자사의 '스튜어드십 코드(Stewardship Code)' 우선순위 중 하나가 '기후 환경보호에 대한 기여'임을 밝혔습니다. 블랙록은 2017년 5월 엑손모빌이 '지구 기온이 현재에서 2도의 변화를 유지하도록 설계된 조치의 효과'에 대해 보고하도록 강력한 주주권을 행사했습니다. 그러고는 자사 홈페이지에 "우리의 지속적인 참여 제안에도 불구하고 진전을 보이지 않거나 노력에 부응하지 못할 경우 우리는 기꺼이 경영진의 권고에 반대하는 투표권을 행사할 것"이라고 밝혔습니다. 물론 이러한 대응으로 환경단체의 공격이 완전히 잠재워지지는 않습니다. 다만 빅 이슈로 퍼져 나갈 수 있었던 스몰 이슈를 조기에 대처할 수는 있었지요.

한편 로런스 핑크는 매년 블랙록 투자사들에 'CEO 레터'를 보냅니다. 2018년에는 기후 변화에 대한 입장문을 보냈는데, 그 편지에서 블랙록은 자사가 보유한 석탄, 석유, 가스 기업의 지분을 모두 처분하겠다고 밝혔습니다. 또한 환경에 대해 진지하게 생각하는 경영진에게는 호의적으로 투표권을 행사하는 반면, 지속가능성에 대해 가치를 두지 않는 경영진에게는 반대 투표권을 행사하겠다고 밝혔습니다.

하지만 사실 이 편지는 환경운동가들이 만든 가짜 편지였습니다. 언론사에서 이를 보도할 만큼 이 사건은 큰 화제를 불러일으켰는데, 그러자 로런스 핑크가 나섰습니다. 그는 자신의 SNS에 "가짜에 속지 마십시오. 곧 진짜 편지가 나옵니다"라고 응수했습니다. 그리고 다음 날, 로런스 핑크는 직접 편지를 보냈습니다. 이 편지에서 그는, 특정 기업들을 거론하며 투자를 철회하겠다는 가짜 편지 내용과는 달리, 균형감을 가지고 자산관리 기업으로서 수익과 동시에 건전한 투자자로서 환경 경영을 중요시하겠다고 분명히 밝혔습니다. 또한 2019년 블랙록 스튜어드십 코드에 하이퍼링크를 걸어 CEO들이 이 내용을 바로 확인할 수 있게 했지요. 이 링크를 보면 블랙록은 환경의 지속가능성에 대해 무척 중요하게 생각하며, 블랙록이 요구하는 환경 경영의 기준에 맞지 않는다면 언제든지 자사가 투자한 기업에 반대표를 던질 준비가 되어 있음을 밝혔습니다.

이러한 일련의 일들로 로런스 핑크는 정부가 해결하지 못하는 문제에 대해 기업이 사회적 책임도 함께 이행할 것을 강조하며 미국 증권가의 바람직한 리더십을 일컫는 '월스트리트 리더십'으로 유명해졌습니다. 뿐만 아니라 2019년 〈포천〉에서 선정한 세계에서 가장 존경받는 기업 중 자산운용사 1위를 기록했죠. 이 사건을 잘 모르는 사람도 많을 겁니다. 블랙록이라는 기업도 낯설지만, 블랙록이 환경운동의 타깃이 되었다는 사실도 업계 외의 사람들에겐 잘 알려지지 않은 일이니까요. 그게 바로 블랙록이 이슈에 민첩하게 잘 대응했다는 반증입니다.

이슈는 종종 예상치 못하게 다가옵니다. 누구로부터 언제 어떤 문제가 튀어나올지 모릅니다. 그래서 기업은 조그만 문제라도 소홀히 보아서는 안 됩니다. 문제들을 항상 이슈로 점검하고 대비해야 합니다. 그리고 일단 이슈가 제기되면 즉각적이고 기민하게, 그리고 실천적으로 대응해야 합니다. 아무리 작은 이슈라도 말이죠. 기업이 언제나 눈과 귀를 열고 민첩하게 이슈를 다루면, 스몰 이슈는 결코 빅 이슈가 되지 않습니다. 오히려 기업 명성이 견고해집니다. 큰 기업일수록 작은 문제를 잘 다룹니다. 작은 문제들을 잘 다루면 기업은 성장합니다.

평판 좋은 기업을 바란다면 지금 기업을 둘러싼 이슈 차트부터 만들어보기 바랍니다. 숨어 있지만 폭발력이 있는 의외의 이슈들이 많을 것입니다. 그러한 이슈들이 기업 평판에 치명타를 입힐 수 있다는 사실을 명심해야 합니다. 이슈 대응(쟁점 관리)은 지금부터, 아주 작은 것부터 준비하고 시작해야 합니다.

이해관계자

저는 이해관계자를 구분할 때 주로 'SPICE 모델'을 인용합니다. 이 모델은 사회(Society), 협력사(Partner), 주주(Investor), 고객(Customer), 직원(Employee)의 첫 글자를 딴 모델로, 마치 5개의 공을 공중에 돌리는 것과 같이 기업은 어느 이해관계자든 놓치지 않고 계속 균형 있게 소통해야 한다는 것을 의미합니다. 기업이 사회와 제대로 소통하지 못했거나, 협력사와 갈등이 빚어졌거나, 주주와 분쟁이 생겼거나, 고객의 불만을 해소하지 못했거나, 직원을 소홀히 대했을 때 그 문제들은 기업에 큰 문제가 됩니다. 그 문제가 이해관계자와의 갈등이나 다툼으로 확대되면 기업의 평판도 바닥으로 떨어집니다. 따라서 기업과 관련된 이해관계자가 있는지, 있다면 누구인지, 그리고 그들은 어떠한지 늘 정확히 파악해두어야 합니다. 그것이 평판 점검에서 가장 중요한 요소입니다. 이해관계자라는 말이 가르치듯, 그들은 기업과 이해(利害) 관계를 가지고 있고, 그러다 보니 그 이해가 변하면 기업과의 관계도 계속 변합니다.

1930년에 설립된 퍼블릭스(Publix)는 미국의 슈퍼마켓 체인이자 세계 최대의 종업원 소유 기업입니다. '종업원 소유 기업'이란 직원이 기업의 주식을 보유함으로써 기업에 대한 소속감, 애사심을 높이는 것은 물론, 주주로서 권리도 행사할 수 있음을 의미합니다. 실제로 직원이나 이사회 구성원만 퍼블릭스의 주식을 가질 수 있다고 합니다. 퍼블릭스에서는 직원들끼리 서로를 '동료'라 부릅니다. 스스로 공동소유자라는 사실을 강조하는 것이죠. 퍼블릭스는 일반적인 소매업의 평균 이직률(65퍼센트)에 비해서 매우 낮은 이직률(5퍼센트)을 보입니다. 게다가 근속년수도 점포관리자만 봤을 때 평균 25.1년이나 되는 등 전반적으로 장기근무가 많습니다. 2016년 기준으로 30년 이상 퍼블릭스에 근무한 직원이 2,428명, 40년 이상 근무한 직원이 205명, 45년 이상 근무한 직원이 15명으로 집계되었습니다.

그렇다면 퍼블릭스는 이해관계자인 직원들과 아무 문제가 없을까요? 사실 퍼블릭스는 두 번의 큰 소송을 겪었습니다. 그것도 '성차별'과 '인종차별'이라는 극히 민감한 이슈에서 말이죠. 지난 1995년, 퍼블릭스는 성차별 소송에 휘말립니다. 여성들을 저임금 일자리에 근무시키고, 고위직 이상의 직책에는 올라가지 못하게 한다는 이유였죠. 그동안 여성을 차별적으로 대우하고 평등한 기회를 제공하지 않았다는 고발이었습니다. 1997년 퍼블릭스는 이 소송을 마무리 짓는 데 8,150만 달러를 지출했습니다.

그리고 법원은 평등고용기회위원회(Equal Employment Opportunity Commission)가 퍼블릭스의 고용 및 승진 등을 최대 7년간 집중 모니터하도록 결정했습니다. 2000년에는 일부 직원이 인종차별 소송을 제기했는데, 이를 해결하기 위해 1,050만 달러나 지불해야 했습니다. 역시 대표적인 이해관계자인 직원과의 소송이었습니다. 모두 직원들의 다양성을 인정하지 못했기에 발생한 사건이었죠. 기업이 주주이자 동시에 직원이었던 두 이해관계자 그룹을 소홀히 대했기에 일어난 뼈아픈 경험이었습니다.

"비온 뒤에 땅이 굳는다"는 말이 있듯이, 퍼블릭스는 재판 이후 1997년부터 조직 내 성차별과 인종차별 문제를 반면교사 삼아, 다양성에 대한 여러 포용 정책을 펼쳤습니다. 이를 위해 아예 직원들의 다양성을 담당하는 직무를 신설했고 전담 직원을 고용했습니다. 지금도 외부 구인 사이트에서 '다양성과 재능 경영 담당 부장(Director of Talent Management & Diversity)' '인력 분석과 다양성 담당 과장(Manager of Associate Diversity and HR Analysis)' '다양성 담당 사원(Diversity Clerk)'을 채용한다는 퍼블릭스의 구인광고를 흔히 볼 수 있습니다. 또한 소송이 제기된 1997년 그해부터 직원 본인이 업무 지원서를 제출하면 기업은 이를 존중하여 업무 배정과 인사이동을 하는 '연속 계획 과정'을 시스템화했습니다. 이미 20여 년 전부터 관리자나 인사부서가 성별이나 인종에 따른 편견과 차별 없이 직원 본인의 희망과 업무 계획 등을 바탕으로 그들을 직무에 배치하도록 시스템화한 것입니다.

외부적으로도 어느 지역이든 인종적, 신체적 다양성을 가진 사람들이 있음을 인식하고, 이 다양성을 인정하는 채용 정책을 펼쳤습니다. 1997년 소송 이후 성공적인 변화를 꾀하고 이를 적극적으로 실천한 결과, 퍼블릭스는 2018년 〈포브스〉가 선정한 '여성을 위한 최고의 직장(America's Best Employers for Women)'에 선정되는 명예를 차지했습니다. 또한 근로자와 근로 환경의 다양성을 촉진시킨 기업으로 2018년 〈포천〉이 선정한 '다양성을 위한 최고의 직장(Best Places to Work for Diversity)'에 뽑히기도 했습니다.

주목할 만한 점은 기업이 다양성을 존중하면 재무성과도 높아진다는 사실이 연구 결과로도 확인되었다는 사실입니다. 2012년 글로벌 금융회사 크레디트 스위스 리서치 인스티튜트(CSRI, Credit Suisse Research Institute)가 발표한 자료에 따르면 2005년부터 2011년간 적어도 이사회에 여성이 한 명이라도 있는 기업은 평균 '자기자본이익률'이 16퍼센트인 반면, 이사회가 모두 남성으로 구성되어 있는 기업은 12퍼센트에 그쳐, 다양성을 존중하는 기업의 자기자본이익률이 그렇지 않은 기업에 비해 평균 4퍼센트 더 높다는 사실을 밝혀냈습니다. 더욱 중요한 것은 내부적인 다양성 존중 경영이 외부 이해관계자인 고객 존중 경영으로 연결된다는 점입니다.

퍼블릭스는 내부와 외부 이해관계자의 이익을 결합시키고 연결시켰습니다. 즉 다양한 배경을 가진 직원들이 각자 다양한 시각과 경험을 갖고 있을 때 그들이 또 다른 이해관계자인 고객의 요구 사항을 더 잘 이해하고 대응할 수 있다는 사실을 실천한 것이지요. 그러한 인식을 기초로 퍼블릭스는 다양한 고객 존중 경영을 해왔고, 그 결과 미국 고객만족지수(American Customer Satisfaction Index)에서 측정한 고객만족도 측면에서 슈퍼마켓 분야 1위를 차지했습니다.

퍼블릭스처럼 직원이 기업을 소유하고 있는 독특한 구조 속에서도 기업과 직원 간에 갈등이 발생할 수 있습니다. 퍼블릭스는 외관상 소유와 경영이 일치했지만 내부적으로는 이해관계자의 다양성을 포용하지 못해 1억 달러에 달하는 거액의 수업료를 치러야 했습니다. 하지만 퍼블릭스는 그 문제를 반면교사로 삼아, 내부 이해관계자인 직원이자 주주인 두 그룹의 이해관계를 일치시켰습니다. 그리고 그렇게 조화를 이룬 이해관계자의 이익을 외부 이해관계자인 고객과 연결했죠. 그 결과 현재 퍼블릭스는 최고의 유통 기업으로 자리매김했습니다.

이해관계자는 모두 맞물려 있습니다. 기업을 둘러싼 이해관계자들과 그들의 이익이 무엇인지 CEO는 늘 머릿속에서 이를 관리해야 합니다. 기업이 그 이해관계자들을 분리하지 않고 모두의 이익을 결합하고 증대할 때 기업의 평판은 드높아집니다.

소통

CEO나 기업 입장에서 보면 내부적으로 부서 간 협업은 매우 필요합니다. 하지만 제가 법무팀장을 오래하면서 경험한 바로는 협업이 안 좋은 경우도 있습니다. 법무팀과 홍보팀의 협업이 그 것입니다. 법무팀과 홍보팀이 밀접하게 협업하는 경우는 대부분 기업이 심각한 위기에 직면했을 때입니다. 기업이 위기를 만나면 두 팀은 합심해서 각각의 역할 속에서 위기관리를 해야 하죠. 그런데 제 경험상 두 팀만으로는 위기가 극복되지 않는 경우가 있는데, 바로 CEO가 위기를 일으킨 경우입니다. CEO가 만든 평판 위기는 기업에 가장 심각한 위기이며, 따라서 기업은 전사적으로 대응해야 합니다.

바릴라(Barilla)라는 기업이 있습니다. 바릴라는 이탈리아 최대의 가족 기업 중 하나입니다. 1877년 피에트로 바릴라(Pietro Barilla)가 설립한 이후, 현재까지 4대째 이어오고 있는 식품 기업이죠. 2007년 기준 바릴라 그룹은 100가지 이상의 파스타 재료를 생산하며, 이탈리아 시장의 40~45퍼센트, 미국 시장의 25퍼센트를 점유하고 있습니다. 바릴라는 이탈리아의 가족 중심 브랜드임을 강조하면서 파스타, 비스킷, 빵, 곡물, 스낵, 파스타 소스를 생산하고, 이탈리아 레스토랑 카사 바릴라(Casa Barilla)도 운영하고 있습니다. 2015년 기준으로 3억 2,820만 유로의 수익을 거두고 있는 기업입니다.

이탈리아 전통 가정을 상징하는 브랜드로 자리매김한 바릴라는 전통적인 가정의 틀을 존중하고, 여성의 역할을 강조해왔습니다. 그런데 여기서 문제가 일어났습니다. 2013년 9월 25일 한 라디오 인터뷰에 응한 구이도 바릴라(Guido Barilla) 회장은, 바릴라 그룹은 동성애자 가족과 관련된 광고가 부족하다는 질문을 받고 이렇게 답합니다. "우리가 생각하는 가족은 전통적인 가족입니다. 동성애자 가족에 대한 광고는 하지 않습니다. 우리는 전통적인 가정과 대화하고 싶고, 그런 면에서 여성들은 결정적인 역할을 합니다." 전통적인 가정 속에서 성역할을 규정지어온 바릴라로서는 동성애자 가족을 염두에 둔 적이 없었을 것입니다. 그래서 아무런 문제의식 없이 이렇게 대답했을 테고요. 그러니 라디오 인터뷰에서 무심코 던진 답변이 큰 반향을 불러일으킬 줄도 몰랐을 겁니다.

이 발언 이후 바릴라 제품에 대한 불매운동이 벌어졌습니다. 심지어 정치인까지 가세하여 바릴라 그룹에 대해 비판을 제기했습니다. 사태의 심각성을 깨달은 바릴라 회장은 뒤늦게 사과했습니다. "만약 내 말이 오해나 언쟁을 불러일으켰거나 일부 사람들의 감성에 상처를 주었다면 사과합니다. 인터뷰에서 나는 가족 내에서 여성의 중심적인 역할을 강조하고 싶었을 뿐입니다"라고요. 하지만 바릴라 그룹에 대한 사회적 반감이나 불매운동은 사그라들지 않았습니다. 2013년 9월 29일 영국의 유력 일간지 〈가디언(The Guardian)〉은 바릴라의 경쟁사 베르톨리(Bertolli)가 이 사건으로 혜택을 보게 되었으며, '누구든 환영하며, 특히 배고픈 사람들은 더욱 환영한다'라는 메시지를 사회에 전달했다고 보도했습니다. 베르톨리는 자사는 동성애자를 차별하지 않으며, 자사의 식품을 먹고자 하는 모두를 환영한다는 뜻으로 일종의 비교광고를 하면서 경쟁사였던 바릴라를 견제했죠.

기업의 명성이 훼손되었을 때 커뮤니케이션은 아주 강력하게 전사적으로, 그리고 내외부적으로 빠르게 진행해야 합니다. 또한 단순히 커뮤니케이션을 미디어 등에 한정하지 말고 전 분야에 걸쳐 확산해야 합니다. 무엇보다 명성을 빠르게 구출하는 것이 필요하지요. 내부적인 교육도 커뮤니케이션이며, 외부 이해관계자와의 소통도 커뮤니케이션입니다. 브랜드나 제품의 변경을 통한 대중의 인식을 전환하는 것도 역시 아주 중요한 명성 커뮤니케이션입니다.

사건이 벌어진 후 바릴라는 곧바로 동성애자의 권리를 각별히 옹호하면서 이를 실천하기 시작했습니다. 동성애자의 권리를 실천하는 비영리집단과 만났으며 바릴라 전 직원은 다양성과 포용성에 관한 교육을 받았습니다. 다양성을 담당하는 직책을 신설하기도 했지요. 그리고 직원들은 동성애를 차별하지 않는다는 상징의 표시로 바릴라 브랜드의 무지개 팔찌를 받았습니다.

2018년 바릴라는 세계 파스타 챔피언십 기간 동안 동성애 가족을 포용하는 디자인의 한정판 스파게티를 출시했습니다. 포장에는 스파게티를 먹는 두 여성의 모습을 담았습니다. 전통적인 가족의 개념에서 벗어나 새로운 가족에 대한 정의를 디자인으로 표현하면서 커뮤니케이션을 이어나갔지요. 이러한 한정판 제품의 생산과 획기적인 디자인은 언론의 긍정적인 관심을 이끌어냈고, 기업의 명성을 회복하는 데 큰 도움이 되었습니다.

바릴라의 명성 회복에서 가장 중요한 전략은 사고 원인을 제공한 CEO가 직접 나서서 사회와 소통하는 것이었습니다. 바릴라 회장은 인터뷰 직후 다양한 소셜미디어, 유튜브, 자필 편지 등을 통해 즉시 사과했습니다. 글로벌 인권단체와 문제 해결에 대해 진지하게 논의했고, 심지어 제품 디자인까지 바꾸며 사과했습니다. 그리고 2017년에는 진솔하게 잘못을 인정했습니다. 이 사건 이후 바릴라 회장은 "가족의 진정한 의미와 정의해 대해 많이 배웠고, 지난 수년간 우리 조직 전체가 이러한 의미를 반영하기 위하여 정말 열심히 노력했다고 말할 수 있어 자랑스럽습니다"라고 밝혔습니다. 이러한 일련의 노력으로 바릴라는 미국의 '인권캠페인'이라는 단체로부터 2015년 기업 평등지수에서 최고점을 획득했습니다. 또한 2019년 〈포브스〉가 선정한 세계에서 가장 평판 좋은 기업(The World's Most Reputable Companies) 순위에서 세계적인 기업을 제치고 31위를 차지했습니다.

CEO가 일으킨 평판 위기는 CEO가 직접 해결해야 합니다. CEO가 나서야 소통의 속도도 빠르고 소통 수단도 총체적으로 활용할 수 있기 때문입니다. CEO의 결자해지(結者解之)는 무척 중요한 평판 커뮤니케이션 전략입니다. CEO라는 사고의 원인을 직접적으로 제거하지 않고 다른 방법으로 대중과 소통하려 한다면, 대중은 그 소통을 진정성 있게 받아들이지 않습니다. 기업은 평판 자산, 즉 명성을 축적하기 위해 그에 부합하는 커뮤니케이션을 해야 합니다. 물론 기업의 소통 방식과 상황은 모두 다릅니다. 기업이 현재 어떠한 소통 방식을 택하고 있는지 스스로 점검하고, 이슈가 벌어졌을 때 그에 따라 문제를 해결해야 합니다.

온라인 소통

소셜미디어의 발전은 평판 사회의 커다란 환경 변수입니다. 하루에도 셀 수 없을 만큼 많은 정보가 제공되고 있으니까요. 최근 인포그래픽사이트 비주얼캐피털리스트(VISUAL CAPITALIST)에 따르면, 전 세계 인구가 주고받은 이메일은 1억 8,800만 건, 유튜브 재생건수는 450만 건, SNS 메시지 전송량은 4,160만 건이라고 합니다. 놀라운 사실은 단 1분 만에 일어난 수치라는 점이죠.

그러다 보니 각종 정보가 온라인상에 잘못 전달되면서 가짜뉴스가 되기도 하고, 때론 심각한 프라이버시 침해로 이어지기도 합니다. 심지어는 개인이 잘 모르고 동의한 정보가 어느새 원치 않는 누군가에게 전달되어 악용되기도 합니다. 따라서 개인 정보 보안이 매우 중요합니다. 특히 수많은 고객의 정보를 보유하고 있는 기업은 고객의 개인 정보를 잘 지켜야 합니다. 고객 정보가 기업의 평판과 직결되기 때문입니다.

유나이티드헬스그룹(United Health Group)은 미국의 대표적인 건강보험 기업으로 주로 건강 제품 및 보험 서비스를 제공하고 있습니다. 2018년에 226.2억 달러의 매출을 기록하면서 해당 분야에서 전 세계 가장 큰 규모를 갖추게 되었죠. 이 기업은 일찍이 평판, 특히 온라인 평판의 중요성을 깨닫고 SNS 전담 직군을 최초로 신설했으며, 수년 전부터 '소셜 고객 관리 프로그램'을 만들었습니다. 이를 통해 고객이 기업에 대해 가지는 의견과 피드백을 축적해왔습니다. 그렇게 온라인으로 축적된 고객의 피드백을 서비스 개선에 반영했으며, 그 결과 경쟁사와는 차별화된 서비스를 제공하는 것은 물론이고, 경쟁 우위도 확보할 수 있었습니다. 유나이티드헬스그룹은 여기에서 멈추지 않았습니다. 기업의 온라인 평판을 강화하기 위해 표준화된 고객 응대 시스템

부를 부르는 평판

을 운영했고, 고객 의견의 중요도와 위험도를 세밀하게 구분하는 프로세스에 맞춰 대응하고 있습니다.

기업의 평판은 핵심 가치를 보호하고 유지하는 데에서 시작됩니다. 따라서 기업이 핵심 가치에 어긋나는 경영활동을 한다면, 그 기업의 평판은 극히 훼손됩니다. 그렇다면 건강보험 기업의 가장 중요한 핵심 가치는 무엇일까요? 바로 고객의 프라이버시를 철저하게 보호하는 것입니다. 그런데 만약 고객의 개인 정보, 특히 의료 정보가 유출되거나 심지어 공개된다면 어떤 일이 벌어질까요? 고객에게 치명적인 평판 훼손이 일어나겠죠. 사실 미국의 헬스케어 산업은 '건강보험 수익 및 책임법'(1966년 제정)에 따라 의료 데이터에 대한 프라이버시와 보안을 엄격히 규정하고 있습니다. 이 법은 'HIPPA(Health Information Patient Privacy Act)'라 불리며, 이전의 고객 정보가 사이버 해킹 등에 노출되었던 여러 사례를 반면교사 삼아 제정되었습니다. 따라서 건강보험 기업은 HIPPA에 따라 고객의 개인 의료 정보가 노출되지 않도록 주의해야 합니다.

미국 의료보험 기업의 가장 큰 해킹 사례로는 2014년 건강보험 기업 앤섬(Anthem) 사건을 들 수 있습니다. 서버가 손상되면서 7,900만 명의 기록이 도난당한 이 사건으로 앤섬은 총 1,600만 달러의 합의금을 지불해야 했습니다. 유나이티드헬스그룹은 경쟁사인 앤섬이 고객 정보를 잘 지키지 못해 평판이 급락하는 것을 목격했기에 더욱더 평판관리에 신중을 기했습니다. 엄격한 법적 규제를 넘어 내부의 강력한 시스템으로 철저하게 관리했지요.

유나이티드헬스그룹은 이전부터 협력사에 의한 고객 정보 유출을 막기 위해 협력사와 '보안 건강 정보(PHI, Protected Health Information)'를 공유하기 전에 '기업 정보 보안(EIS, Enterprise Information Security)' 프로그램에 따른 협력사 보안 위험 평가를 실시해서 적정한 협력사하고만 제휴하는 '협력사 사전 승인' 제도를 엄격하게 운영하고 있습니다.

이뿐만이 아닙니다. 유나이티드헬스그룹은 자체적으로도 고객의 개인 정보를 적극 보호하고 있습니다. 실제로 유나이티드헬스그룹은 지난 2017년 외부로부터 매일 1,100만 통의 이메일을 받았으며, 그중 90퍼센트가 보안상의 이유로 자동 차단되고 있다고 밝혔습니다. 이런 조치가 가능한 이유는 자체 방어벽에 매일 8억 건의 이벤트가 실시간 관찰되고, 위험을 제거하기 위해 '24X7 Security Command Center'라는 프로그램으로 시스템을 상시 모니터하고 있기 때문입니다. 24X7 Security

Command Center는 고객 정보에 대한 사이버 포렌식을 포함하는 강력한 보안 시스템입니다.

개인 정보를 보유할 수밖에 없는 사업 특성상 취해야 하는 조치이긴 하지만, 유나이티드헬스그룹은 고객 정보에 대해 강한 책임감을 가지고 있습니다. 이를 통해 고객의 평판을 보호하고 있고, 그 결과 유나이티드헬스그룹은 2019년 〈포천〉이 선정한 세계에서 가장 존경받는 기업 명단 가운데 건강보험 기업 순위에서 1위를 차지했습니다.

기업의 온라인 소통이라고 하면 보통은 기업이 온라인이나 SNS 미디어에서 얼마나 자사의 홍보활동을 잘하고 있는지를 의미합니다. 그러나 평판관리에 있어서 온라인 소통은 기업의 홍보활동에 국한되는 것이 아니라 기업의 온라인 소통 안정성도 포함합니다. 즉 기업이 얼마나 안정적이고 일관되게 온라인에서 이해관계자들과 소통하고 있는지도 매우 중요한 온라인 소통 요소입니다. 그리고 기업은 그 이해관계자들에게 온라인 소통의 안전함과 투명성을 보증함으로써 그들의 평판을 관리해주어야 합니다.

그런 측면에서 우선 고객 정보를 보호하는 것은 고객 평판을 보호하는 것과 마찬가지입니다. 더 나아가 고객 평판을 보호하는 것은 기업 평판을 높일 수 있는 방법이지요. 결국 고객의 평판 보호는 기업의 평판관리와 직결됩니다. 아무리 기업이 평판을 잘 유지하더라도 고객의 개인 정보가 누출되면 기업 평판이 무너지는 것은 물론, 엄청난 매출 손실로까지 이어집니다. 반대로 고객 정보를 철저하게 관리하는 기업은 고객들의 든든한 신뢰를 바탕으로 명성이 단단하게 유지됩니다. 정리하자면, 개인 평판을 잘 지켜주는 기업이 결국에는 기업 평판까지 올라갑니다. 기업 평판을 높이고 싶다면, 우선 자사의 고객 정보를 체계적으로 관리하고 있는지부터 점검해야 합니다.

실행

누누이 말했지만, 평판은 기업이 가진 매력(가치)에 대해 이해관계자들이 갖는 집단적 평가를 말합니다. 그래서 개념적일 수도, 추상적일 수도 있습니다. 이러한 평가를 확실하게 구체화하는 것이 바로 '사회적 활동(social activity)'을 실천하는 것입니다. 여기서 말하는 사회적 활동은 흔히 생각하는 기업의 사회적 책임 활동, 즉 CSR과는 다른 의미입니다. CSR은 전체적인 사회적 활동 중 기업이 가지는 사회적 책임을 실천하는 활동만을 가리킵니다. 반면 기업의 사회적 활동이란 기업이 사회 속에서 시민의식을 가지고 이해관계자들과 공존하기 위한 모든 활동을 말합니다. 평판은 그 기업의 사회적 활동이 효율적이고 전략적으로 잘 이루어졌을 때 높아집니다.

기업은 평판을 높이기 위해 보통 CSR을 진행합니다. 각종 봉사나 기부활동 등을 말이지요. 일반적으로 CSR은 '기업이 각종 사회단체 등에 일방적으로 금전을 주는 형태'가 많습니다. 문제는 엄청난 시간과 비용을 들였는데, 일반 사람들은 물론이고 기업과 관련된 이해관계자들조차 이를 기억하지 못하는 경우가 다반사라는 점입니다. 이유가 무엇일까요? 기업이 사업의 본질과 이해관계자들의 이익을 망각하고 단순히 기부나 봉사활동만 했기 때문입니다. (이와 관련해서는 4장에서 상세히 다루겠습니다.)

반대로 기업이 사업 본질에 부합하도록 사회적 활동을 적극적으로 실행하면 기업의 이미지는 물론이고 평판까지 높아집니다. 찰스 폼브런은 "궁극적으로 기업이 사회적 규범을 준수하고 다양한 이해관계자 그룹의 기대에 부응하면서 기업이 운영될 수 있음을 보여준다면, 그 기업의 평판은 높아질 것"이라고 말했습니다. 즉 기업이 평판을 실천하려면 기업이 모범을 보이면서 고객 등 이해관계자들이 기대하는 방향으로 사회적 활동이 포함된 기업 운영을 추진해야 평판도 올라간다는 뜻입니다.

그렇다면 사회적 활동은 어떻게 실천해야 할까요? 대표적인 사례로 글로벌 맥주 제조사 하이네켄(Heineken)을 들 수 있습니다. 1864년에 암스테르담에서 설립된 네덜란드 양조 기업 하이네켄은 2015년 한 사건을 계기로 사회적 활동을 실천하기 시작합니다. 당시 영국 NGO 단체 '청년 알코올 광고협의회(The Youth Alcohol Advertising Council)'는 하이네켄의 '스트롱보(strongbow)' 광고가 사람들에게 음주운전을 권한다며, 광고표준기관(ASA, Advertising Standards Authority)에 문제를 제기했는데요. ASA는 광고에 문제가 있다고 판단하여 광고 중단을 결정합니다. 이 사건으로 매출과 이미지에 큰 타격을 입은 하이네켄은 문제의 원인에 대해 책임의식을 갖고, '책임지는 음주 캠페인(When You Drive, Never Drink)'을 펼칩니다. 이를 위해 전체 광고 비용의 10퍼센트 이상을 지출했죠. 하이네켄은 이 캠페인을 널리 알리기 위해 F1세계챔피언 니코 로즈버그(Nico Rosberg)를 홍보 영상에 출연시켰습니다. 이 영상에서 그는 운전하기 전 자신은 절대 술을 마시지 않는다는 걸 강조하며, '음주운전 절대 금지!'라는 메시지를 전달합니다.

하이네켄은 여기서 멈추지 않았습니다. 행동과학·심리학 관련 컨설팅사 이노비아 테크놀로지(Innovia Technology)와 제휴하여 음주운전에 대한 실태조사를 진행했고, 조사 결과를 바탕으로 맨체스터 내 10개 바(bar)에 '음주운전 방지 캠페인'을 추진했습니다. 실제로 술집에 각종 표식 등을 배치해 눈에 잘 띄게 만들었습니다. 게다가 술집 재설계(bar redesign)로 술을 마시지 않는 사람들을 위한 알코올 없는 음료를 판매했으며, 무알코올 음료 주문자에겐 특별 메뉴도 제공했습니다. 이 프로그램은 2018년부터 브라질, 러시아, 뉴질랜드, 영국에서 큰 인기를 끌었습니다. 하이네켄은 여세를 몰아 이 캠페인을 다른 국가로 확대할 예정이라고 합니다.

이뿐만 아니라 하이네켄은 금주를 위한 안전활동도 진행하고 있습니다. 혈중 알코올 농도를 측정해주는 마이크로칩 문신 '세이프 스탬프(safe stamp)' 스티커를 개발한 것입니다. 이 스티커는 음주자가 법적 음주운전 금지 수치에 도달하면 파란색으로 변합니다. 음주자는 그 스티커를 보고 충동적인 음주운전을 하지 않게 됩니다.

누구나 알고 있듯 하이네켄은 술을 제조해 판매하는 기업입니다. 문제는 이 술 때문에 생기는 사고, 특히 음주운전에 대한 문제들이 뒤따르고 있다는 점이죠. 하이네켄은 운전자들에게 금주를 권함으로써 자사 제품으로 인해 발생할 수 있는 문제를 사전에 방지하고자 했습니다. 그것이 바로 '술 마시면 절대로 운전하지 마세요(When You Drive, Never Drink)!' 캠페인이죠. 술집까지 재설계하고 판매 방식도 개선하면서 말이죠.

이렇게 하이네켄의 사회적 활동은 이해관계자인 고객의 건강과 사회 안전을 위해 기업이 적극적으로 나설 수 있다는 책임의식을 잘 보여주었습니다. 그리고 음주운전 금지를 권장함으로써 사회나 정부로부터 주류 기업이 받을 수 있는 제지 혹은 압력도 감소시켰습니다. 게다가 상업적 측면에서는 매출이 줄었을지 몰라도, 장기적으로 자사의 무알코올 음료 판매 기회를 모색함으로써 새로운 시장 진입 및 투자 기회도 창출했습니다. '술을 만드는 기업이 술을 마시지 말라고 하는 것'이 언뜻 보면 역설적으로 보일 수 있지만, 하이네켄은 '책임지는 음주 캠페인'이라는 사회적 활동 덕분에 기업의 이미지를 높일 수 있었습니다. 그 결과 하이네켄은 2019년 〈포브스〉가 선정한 세계에서 가장 평판 좋은 기업 중에서 주류 부문 1위를 차지했습니다.

기업이 엄청나게 많은 돈을 써서 사회적 활동을 하며 기업을 홍보했는데도 아무도 몰라준다면 이유는 따로 있습니다. 기업의 사회적 활동이 이해관계자, 즉 고객이나 사회가 기업에 바라는 활동이 전혀 아니기 때문입니다. 고객은 기업 스스로 진정성 보이는 활동을 할 때 진심으로 그 기업을 신뢰합니다. 그때부터 기업의 평판은 따라서 올라가지요. 다시 말해, 기업 평판은 기업의 언행일치가 이루어질 때 강화됩니다. 특히 기업은 경영활동을 수행하면서 부지불식간에 만들고 있는 문제에 대해 책임의식을 가질 뿐 아니라, 스스로 해결하고자 노력해야 합니다. 그리고 그 맥락에서 사회적 활동을 했을 때 평판이 높아집니다.

소홀히 대했던 문제를 체계적으로, 그리고 스스로 해결해보는 사회적 활동을 하고 있는지 기업은 늘 스스로 점검해보아야 합니다. 책임의식 있는 기업이 평판 높은 기업이 된다는 사실을 잊지 말아야 합니다.

최적화

기업이 처한 환경은 끊임없이 변합니다. 정책도, 경쟁자도, 사회가 지향하는 가치도, 대중의 기호도 끊임없이 변하죠. 이렇게 변화하는 경영 환경에 대응하기 위한 방법으로 기업은 상당히 많은 자원을 투입합니다. 그런데도 효과를 발휘하지 못하는 경우가 많습니다. 왜 그럴까요? 제가 현직에서, 혹은 기업 컨설팅을 하면서 느낀 점은 기업들이 자사가 보유한 강점인 '자원'을 적극적으로 활용하지 못한 채 기업 밖에서 찾은 새로운 자원들만 투자, 관리하는 경우가 많기 때문입니다. 이는 평판관리 측면에서도 효율적이지 못한 전략입니다. 따라서 기업은 주어진 자원이 '최적화'될 수 있도록 적극 관리해야 합니다. 특히 현재의 평판을 점검하는 과정에서도 늘 주어진 자원을 최적화하고 있는지 살펴보아야 합니다.

'최적화'의 본래 의미는 '어떤 조건 아래에서 주어진 함수를 가능한 최대한 활용하는 것'입니다. 기업에서의 최적화란 자사가 보유한 자원을 효과적으로 활용하여 수익을 최대화하는 행동을 말합니다. 여기서 '자원'의 개념은 생산 프로세스, 인력, 비용, 원재료, 심지어는 외부적인 경영 환경의 변화까지도 포함합니다. 실제로 평판 높은 기업을 살펴보면 강점인 자원을 적극 활용함으로써 매출과 수익은 물론, 좋은 평판까지 유지하는 것을 볼 수 있습니다.

따라서 기업은 평판관리 측면에서도 자사가 보유한 자원을 적극 활용할 수 있는 '최적화 전략'을 구사해야 합니다. 그러기 위해선 불필요한 자원 투입을 최소화하고, 자사의 경영 목표나 비전에 맞는 '자원'에 집중해야 합니다. 이때 중요한 점은 추가로 무엇을 더 많이 투입하기보다 이미 기업이 하고 있는 경영활동에서 주어진 자원과 평판의 고리를 찾아내 함께 발전시키는 것입니다. 기업이 주어진 자원을 최적화함으로써 기업의 이미지는 높아지고 평판도 효과적으로 관리됩니다.

이를 가장 잘 실천한 기업으로 리바이스(Levis)를 들 수 있습니다. 1853년 샌프란시스코에서 설립된 리바이스는 청바지를 발명한 기업입니다. 그야말로 청바지의 나라인 미국에서 청바지의 원조 기업이라 할 수 있습니다. 리바이스의 경영 목표는 '미국적 정통성을 바탕으로 소비자의 다양성을 포용하는 기업'입니다. 그렇다면 리바이스는 어떻게 자원을 최적화함으로써 평판까지 높였을까요?

대표적인 사례로 리바이스의 '여성용 빈티지 청제품'을 들 수 있습니다. 리바이스는 '여성을 위한 정통 미국 블루진'을 강화하기 위해 2017년 11월 빈티지 라인 제품을 출시합니다. 이 라인은 한 청바지 수집가가 모은 6만 5,000여 개의 미국산 데님 조각들을 사들여 청바지 디자인에 반영한 것인데요. 화려한 색상의 빈티지 조각들을 '청제품'에 입혔고, 그 결과 청바지 종류는 매우 다양해졌습니다. 사실 리바이스는 이전에도 빈티지 컬렉션을 출시했지만, 빈티지 디자인을 새 제품에 생생하게 재생하려다 보니 많은 시간과 비용이 들었습니다. 물론 디자인 과정도 길고 복잡해서 지속적으로 제품을 생산하기가 쉽지 않았죠. 하지만 기존 제품에 수집가로부터 구입한 빈티지 조각들을 입히는 제작 방식은 그렇게 많은 비용이 들지 않았습니다. 오히려 기존의 자원을 적극 활용함으로써 불필요한 자원 투입을 최소화할 수 있었고, 단기간에 다양한 디자인 제품을 내놓을 수 있었습니다.

리바이스는 여기서 더 나아가 다양한 사이즈로 구성된 '빈티지 청제품'을 출시했습니다. 2000년대 초만 하더라도 대부분의 의류 기업은 일정한 사이즈의 옷만 생산했습니다. 하지만 점차 다양성을 추구하는 사회적 트렌드가 자리 잡으면서 여성들도 기존의 마른 체형에 맞춘 천편일률적인 '스키니진'보다 부분적으로 아름다움이 돋보이고 각자 신체에도 맞는 편안한 스타일의 제품을 선호하기 시작했습니다. 이는 자신의 몸을 있는 그대로 받아들이고 긍정적으로 인정하자는 '자기 몸 긍정주의(body positivity)' 가치관에서 시작된 사회적 트렌드였습니다. 리바이스는 이러한 사회적 트렌드와 함께 자사의 경영 목표, 즉 소비자의 다양성을 포용하는 기업 이미지에도 잘 맞도록 다양한 사이즈

부를 부르는 평판

로 구성된 '여성용 빈티지 블루진' 제품을 출시합니다. 이미 오래전부터 '플러스 사이즈' 등 다양한 사이즈의 청바지를 제작했기 때문에 사이즈 확장에도 전혀 문제가 없었습니다.

이렇게 리바이스는 기존 데님을 덧댄 화려한 디자인과 다양한 사이즈의 빈티지 스타일 청제품들을 선보이며 리바이스만의 차별화된 브랜드 이미지를 구축할 수 있었습니다. 높은 매출은 물론이고 좋은 평판도 유지할 수 있었지요. 실제로 리바이스는 2019년 〈포브스〉가 선정한 세계에서 가장 평판 좋은 기업에서 의류 생산 기업 중 1위를 차지했습니다.

이 사례에서 중요한 사실은 여성 고객의 니즈를 변화시키기 위해 리바이스가 무엇인가를 새롭게 투입하지 않았다는 점입니다. 오히려 여성 고객의 니즈 변화라는 환경 속에서 기존의 자원을 효율적으로 활용했죠. 이렇게 기업이 가진 유무형의 자원을 최적화할 경우, 기업 평판은 그 자체로 높아집니다. 평판을 점검할 때 중요한 원칙은 새로운 무언가를 더 투입하기보다 현재의 평판관리에서 내부 자원을 최적화하고 있는지 살펴보는 것입니다.

3

평판 요소에 집중하라

REPUTATION
ECONOMY

평판을 측정하는 공통된 요소

제가 컨설팅 현장에서나 강의할 때 가장 많이 듣는 질문이 있습니다. "평판이 중요하다는 건 알겠어요. 그런데 평판은 도대체 무엇으로 평가되는 건가요?" "어떤 평가 요소에 따라 어떻게 평판을 올릴 수 있을까요?" 즉 평판이 어떻게 평가되며, 어떻게 해야 구체적으로 평판을 높일 수 있을까에 대한 궁금증이었습니다. 모든 경영 수치가 그렇듯 평판 역시 측정 요소와 그에 따른 계량화 도구들이 있습니다. 그렇지만 아직 평판의 측정 요소는 많이 알려지지 않았습니다. 공부를 잘하라고 하면서 어떻게 해야 높은 점수를 받을 수 있는지 알려지지 않은 것처럼 말이죠.

평판과 브랜드의 차이점에 대해서는 이미 앞에서 언급했습니다. 브랜드는 기업이 고객에게 약속한 제품이나 서비스에 중점을 두는 '고객 중심적' 개념이지만, 평판은 기업이 고객뿐 아니라 다양한 이해관계자의 신뢰 등에 초점을 맞추는 '기업 중심적' 개념입니다. 따라서 좋은 브랜드는 제품이나 서비스가 고객과의 약속을 얼마나 충실하게 이행했는지에 따라 만들어지는 반면, 좋은 평판은 이해관계자들에 대한 존중, 경영진의 역량, 재무성과, 혁신성, 직원에 대한 처우, 윤리적 이슈에 대한 대처 등 기업의 초점에 따라 종합적으로 영향을 끼칩니다.

그간 기업들은 자사의 브랜드를 높이는 데 치중했고, 그 결과 수많은 마케팅 이론과 실무 등을 통해 브랜드파워를 강화하는 방법은 잘 알려졌습니다. 그에 반해 평판은 다소 추상적인 개념인 동시에 그 관리 또한 수동적으로 평가받거나 판단되는 것으로 인지되면서, 구체적인 개념이나 정교한 전략을 접할 기회가 많지 않았습니다. 그런데 이제는 시대가 달라졌습니다. 브랜드만큼이나 기업 평판을 관리하고 경영할 때입니다. 그러기 위해서는 기업 평판이 어떻게 측정되는지 살펴보아야 합니다.

기업 평판을 측정하는 요소는 평판을 평가하는 '개인'이나 '기관'마다 약간의 차이가 있습니다. 예를 들면 찰스 폼브런은 평판 높은 기업의 기준으로 정서적인 호응(호감도), 제품 및 서비스, 비전 및 리더십, 직장 환경, 사회 및 환경적 책임, 재무성과를 들었습니다. 한편 매년 존경받는 기업을 선정하는 〈포천〉은 혁신성, 경영의 질, 인력 관리, 제품과 서비스의 질, 장기적 투자 가치, 재정적 건전성, 사회적 책임, 기업 자산 활용을 측정 요소로 삼습니다. 또 다른 조사기관인 〈포브스〉는 '렙트랙(RepTrak)'이라는 툴을 활용합니다. 이 툴은 제품과 서비스, 혁신성, 근무 환경, 지배 구조, 시민의식, 리더십, 성과로 분류해 판단합니다. 여기서 지배 구조란 경영의 공정성, 투명성, 윤리성을 강조하며, 시민의식이란 기업이 더 좋은 세상을 만들겠다는 사회적 책임을 강조한 것입니다.

이렇게 각각의 측정 요소를 모두 보면 대략 7가지의 공통점을 발견할 수 있습니다. 1) 제품과 서비스 2) 리더십 3) 혁신성 4) 재무성과 5) 근무 환경 6) 사회적 책임(시민의식) 7) 인재 관리입니다. 이 요소는 품질, 인재 관리 등 기능적 측면, 윤리적 책임을 평가하는 사회적 측면 그리고 이해관계자들이 기업에 대해서 가지는 감정적 측면을 모두 포괄합니다. 이 7가지 평판 요소 가운데 리더십, 시민의식, 재무성과는 이해하기 어렵지 않습니다. 기업의 평판은 CEO의 평판(리더십)과 직결되고 기업의 훌륭한 재무성과에 따라 높아집니다. 기업이 사회적 책임(시민의식)을 가지고 공유 가치 창출(CSV, Creating Shared Value) 활동 등을 적극적으로 꾀하면 이 역시 평판을 높입니다. 따라서 리더십, 시민의식, 재무성과를 제외한 제품과 서비스, 혁신성, 근무 환경, 인재 관리에 초점을 맞추어 설명하겠습니다.

제품과 서비스

제품과 서비스가 좋지 않다면 아무리 다른 요소가 뛰어나도 기업의 평판은 높아질 수 없습니다. 따라서 고객을 최우선 순위에 두고 제품과 서비스를 개선해야 평판도 함께 높아집니다. 예를 들어볼까요? 이탈리아 밀라노에 본사를 둔 타이어 기업 피렐리(Pirelli)는 항상 평판 높은 기업에 뽑힙니다. 매번 평판 높은 기업으로 선정되는 이유는 늘 고객의 관점에서 제품을 꾸준히 개선하여 차별화된 제품을 선보이기 때문입니다. 타이어 기업에서 가장 중요한 것은 당연히 타이어겠죠?

피렐리는 좋은 타이어를 개발하기 위해 미국, 영국 등 10개국을 대상으로 신뢰성, 고객의 요구 충족, 즐거운 운행 경험, 고품질, 타이어 딜러의 추천 등을 항목으로 설문조사를 진행했습니다. 그중 모든 부문에서 1위를 차지한 것은 '신뢰성'이었습니다. 고객들은 안전한 주행을 원합니다. 그러려면 자동차뿐 아니라 그 자동차에 부착된 타이어의 품질이 무척 중요합니다. 그리고 그 품질에 대해 고객들이 가장 믿는 지표가 바로 타이어 기업의 신뢰성입니다. 그 신뢰성에 더해서 고객들은 타이어의 안정적 품질에 기반한 즐거운 운행 경험을 원합니다. 피렐리는 이러한 고객들의 니즈를 사전 조사하여 제품의 고품질과 안정성을 높이는 데 적극 투자했고, 그 결과 고객으로부터 큰 신뢰를 얻는 것은 물론이고, 평판 높은 기업에 선정될 수 있었습니다.

기업의 혁신과 제품 개발이 반드시 계속될 필요는 없습니다. 혁신을 이루고 제품과 서비스의 품질이 개선되는 데 투입된 비용이 회수되어 이익으로 충분히 환원될 때까지는 일정 시간이 걸리기 때문입니다. 오히려 그 기간 동안 제품과 서비스가 시장을 지배할 수 있도록 노력해야 합니다. 즉 '내적 혁신(innovation)'이 일정한 단계에 들어서면 안정된 상태에서 당분간 제품과 서비스는 최고의 품질로 수익을 낼 수 있도록 판매해야 합니다. 내적 혁신에서 비롯된 '외적 혁신(exnovation)'이 이뤄진 상태라고 볼 수 있습니다. 이렇게 제품과 서비스가 혁신적으로 탄생하고 지속적으로 제공될 때, 그 기업의 평판도 함께 높아집니다. 삼성은 2018년도 미국 레퓨테이션 인스티튜트가 선정한 '미국에서 가장 평판 좋은 기술 회사'에서 제품과 서비스에 대한 고객의 강력한 지지에 힘입어 2위에 등극하기도 했습니다.

평판을 높이고 싶다면 당장 혁신을 시도하고, 그 혁신으로 고객이 원하는 제품과 서비스를 소개해야 합니다. 제품과 서비스는 브랜드를 넘어 그 기업을 떠올리게 합니다. 그리고 이해관계자들은 좋은 제품과 서비스에 기업의 의지가 반영되어 있다고 보기 때문에 기업에 호의를 가질 수밖에 없습니다.

혁신성

많은 기업이 '혁신'을 외치며 제품과 서비스의 품질을 높이려고 노력합니다. 고객의 만족도를 높이려고 다양한 변화도 꾀합니다. 문제는 이러한 경영활동이 평판관리로 이어지지 않는다는 점입니다. 왜 그럴까요? 많은 CEO들이 자사의 경영활동을 기업의 평판관리와는 별개로 보기 때문입니다. 평판관리는 일상적인 경영활동 속에서 함께 이루어집니다. 고객들은 자신이 원하는 제품과 서비스가 나오길 기대하고, 기업은 고객의 니즈에 맞춰 새롭게 혁신하려고 노력합니다. 그에 맞는 신제품을 출시하고 서비스를 개선, 발전시켜 나가면서 시장에서 경쟁 우위를 차지하려고 하죠. 이렇게 혁신과 제품·서비스의 품질은 자전거의 앞바퀴와 뒷바퀴처럼 서로를 견인하는 역할을 합니다. 혁신 없이는 월등한 제품과 서비스가 탄생하기 어렵습니다. 고객들은 과감하고 용기 있게 혁신을 시도하는 기업에 존중심과 호의를 보입니다. 기업이 시장에 안주할 수 있음에도 리스크를 안고 고객들에게 더 나은 제품과 서비스를 제공하기 위해 시간과 비용을 들여 혁신을 시도하는 것을 좋게 보기 때문입니다. 그러니 혁신적인 제품과 품질 높은 서비스를 출시하면, 그 기업의 평판은 당연히 올라갑니다.

그럼 구체적으로 어떻게 혁신해야 할까요? 일례로 펀치볼 스페셜(Punch Bowl Special)을 들 수 있습니다. 2012년, 밀레니얼 세대의 니즈에 맞도록 다양한 음식과 색다른 경험을 함께 제공하는 식당 펀치볼 스페셜이 등장했습니다. 창립자인 로버트 톰슨(Robert Thompson)은 밀레니얼 세대들이 맛뿐만 아니라 색다른 경험과 즐거움을 중시한다는 점에 착안해 2012년 자신의 고향 덴버에서 게임과 음식을 결합한 식당을 열었습니다. 이 식당은 음식을 나눠 먹을 수 있도록 메뉴를 다양하게 개발했고, 휴대전화로 사진 찍기 좋은 음료들을 개발했습니다. 게다가 식당에 볼링장, 당구장, 보드게임, 미니 골프 코스, VR존 등을 설치해 아날로그와 디지털 세대가 함께 어울릴 수 있는 공간을 만들었습니다. 그 결과 펀치볼 스페셜은 2019년 〈패스트 컴퍼니(Fast Company)〉 매거진에서 선정한 가장 혁신적인 기업 50개 중 식당 체인으로는 유일하게 선정됐습니다. 반면 영국의 유명 셰프 제이미 올리버(Jamie Oliver)는 최근에 자신의 식당 체인에 대해 파산 보호를 신청했습니다. 25개 식당 중 22개 식당을 폐쇄했지요. 변화하는 트렌드를 따라잡지 못했기 때문입니다.

이 사례를 통해 우리는 무엇을 기억해야 할까요? 기업이 트렌드 변화에 맞춰 혁신을 거듭할 때 기업의 평판은 함께 높아지고, 그렇게 평판이 높아진 기업들은 시장과 고객의 지지를 받아 또다시 새롭게 혁신을 시도하는 선순환을 한다는 사실입니다.

근무 환경

'좋은 근무 환경'이라고 하면 무엇이 먼저 떠오르시나요? 실리콘밸리처럼 자유분방한 분위기나 쾌적하고 세련된 공간이 떠오르시나요? 물론 구성원들이 온종일 머무는 곳이니만큼 편안하고 업무에 몰입할 수 있는 공간이면 좋겠지요. 하지만 좋은 근무 환경, 즉 좋은 일터는 단순히 공간을 바꾼다고 만들어지는 건 아닙니다. 그렇다면 '좋은 근무 환경, 좋은 일터'란 무엇일까요?

글로벌 인사전문가들이 제시한 좋은 일터(great work place)의 기준을 살펴보면, 좋은 근무 환경은 회사가 단순히 일만 하는 곳이 아니라 즐거움과 보람을 느낄 수 있는 곳이라고 느낄 수 있도록 임직원을 위한 다양한 프로그램을 마련하고, 상호 존중하는 분위기를 만들 때 이루어집니다. 예를 들어 기업에서 임직원의 문화활동을 격려하고, 직원들의 가족을 초청하는 행사 등 다양한 이벤트를 마련하는 것은 물론이고, 상사와 격의 없는 소통 자리를 여는 것 등이 여기에 해당됩니다. 뿐만 아니라 임직원들이 회사에서 안락함을 느껴야 합니다. 요즘 '직장 건강 경영'에 대한 관심이 높아지고 있는데요. 기업이 직원들의 건강을 관리하고 건강 친화 기업을 위한 시스템을 마련하는 추세입니다. 이렇게 즐겁고 건강한 기업이 좋은 일터입니다. 특히 최근 코로나 사태로 직원들의 안전과 보건을 책임지는 기업의 중요성은 더욱 커지고 있습니다.

좋은 일터는 곧 좋은 평판으로 이어집니다. 현재 미국 내 여러 기관이나 매체에서 해마다 '좋은 일터'를 선정하는데요. 예를 들어 〈포브스〉에서는 매년 25개, 〈포천〉에서는 매년 100개 기업을 '일하기 좋은 기업'으로 선정합니다. 또한 기업에 대한 의견을 남기고 평가하는 세계 최대 규모의 직장 평가 사이트 글라스도어(Glassdoor)도 '직원을 가장 잘 배려하는 기업' 100개를 선정합니다. 대부분 전·현직 임직원에 대한 설문조사, 리뷰 등을 기초해 조사하죠. 조사 결과는 각종 매체에 보도되며, 기업 이미지에도 긍정적인 영향을 미칩니다. 실제로 기업을 둘러싼 이해관계자들은 특정 기업이 일하기 좋은 기업으로 선정되면 그 기업들을 호의를 가지고 바라봅니다. 기업에 정서적 호응이 이루어지면 기업의 평판은 높아집니다. 예를 들어 〈워킹 마더(Working Mother)〉 매거진이 선정하는 '워킹맘이 일하기 좋은 100대 기업(100 Best Companies for Working Mothers)' 순위에 오르면 워킹맘들은 다른 기업보다 그 기업들에 당연히 관심을 갖습니다. (출처: Stakeholder Tracking Analysis in Corporate Repuation Review, 2015. 2)

좋은 일터로 인정받으면 재무성과 측면에서도 진전된 결과를 보입니다. 실제로 HIP 인베스터(HIP Investor)가 조사한 바에 따르면, 1997년부터 2014년까지 〈포천〉에서 '일하기 좋은 100대 기업(100 Best Companies to Work For)'으로 선정된 기업들은 평균 주식수익률이 11.07퍼센트로, S&P 500에 선정된 기업들의 주식수익률 6.48퍼센트보다 거의 2배에 달하는 훌륭한 성과를 거두었습니다. 뿐만 아니라 구직자들은 이러한 조사를 참고하여 자신이 갈 기업을 고르기도 합니다. 한편 좋은 일터가 갖춰지면 좋은 인재들이 그 기업에 들어온다는 것 역시 연구에서 입증되었습니다. 구직자들은 기업이 일하기 좋은 곳인지, 즉 기업이 가진 매력이나 가치를 보고 그 기업에 취업할지를 결정합니다. 그래서 기업들은 자기 기업이 얼마나 좋은 기업인지 다양한 미디어를 통해 홍보합니다. 물론 좋은 일터로 선정된 것을 자랑하는 것도 빼놓지 않습니다. (출처: Alniacik, E., Alniacik, U. and Erdogmus, N.(2012) 'How do the dimensions of corporate reputation affect employment intentions?')

높은 평판으로 좋은 인재가 들어오면 매출이 올라가는 건 당연한 일입니다. 좋은 일터는 훌륭한 인재들이 계속 유입되면서 외부 평판에 긍정적인 영향을 미칩니다. 더욱이 요즘은 소셜미디어가 발달하면서 좋은 일터에 대한 소식이 빠르게 확산됩니다. 그러면서 기업의 평판도 따라서 높아지죠. 이처럼 좋은 일터는 그 기업의 이미지와 평판에 좋은 영향을 미치며, 인재 영입에도 중요한 도구가 됩니다. 대표적인 사례로 미국의 소프트웨어 기업 얼티메이트 소프트웨어(Ultimate Software)를 들 수 있습니다. 1990년에 설립된 이 기업은 B2B 대상의 인적자원관리 S/W인 얼티프로(UltiPro)를 개발·판매하고 있으며, 직원수만 5,100명에 달합니다. 눈에 띄는 점은 이 기업이 여러 기관에서 선정한 '일하기 좋은 기업'에 매년 선정된다는 것입니다(컨설팅 기관 그레이트 플레이스 투 워크(Great Place to Work)가 뽑은 '일하기 좋은 직장' 2위, 〈포천〉이 선정한 '2019 일하기 좋은 100대 기업' 중 기술 분야 1위). 실제 글라스도어의 한 리뷰를 보면 "이 기업의 단점은 단점이 없다는 것이다"라고 할 정도로 매우 좋은 평가를 받고 있습니다.

얼티메이트 소프트웨어가 이렇게 좋은 일터로 뽑힌 이유는 무엇일까요? 얼티메이트 소프트웨어는 '사람 우선(people first)'이라는 설립 이념에 기초해 자사 직원들을 중시하며 이를 제도화했습니다. 우선 기업 내 원활한 소통을 강조했습니다. CEO부터 말단 직원까지 세대와 직급 간의 벽을 허물고 수평 문화를 구축했으며, 사람을 중시하는 기업 이념에 따라 다양한 복지 혜택을 제공합니다. 예를 들어 아동을 입양하는 직원에게 한 어린이당 최대 1만 달러의 지원과 입양 휴가를 제공하고, 직원들이 자발적으로 선택한 비영리단체에서 자원봉사를 하겠다고 하면 매년 3일의 유급휴가를 제공합니다. 이렇게 기업이 설립 이념에 부합하는 복지 정책에 신경 쓰기 때문에 직원들은 자사에 대해 신뢰와 안정감을 느낍니다.

이처럼 일관된 배려와 지원이 기업 철학을 바탕으로 운영될 때 그 기업은 일하기 좋은 기업이 됩니다. 그에 따라 기업 평판이 높아지는 건 당연한 일이겠죠.

인재 관리

평판 측정의 7가지 요소 가운데 '인재 관리'가 평판에 어떻게 영향을 미치는지 살펴보겠습니다. 외부 평판 못지않게 중요한 것이 내부 평판입니다. 직원들이 자기가 속한 기업에 대해서 갖는 평판을 내부 평판이라고 합니다. 좋은 내부 평판은 직원의 만족도와 상호 존중으로 만들어집니다. 좋은 내부 평판을 만들기 위해서는 직원들에게 공정한 기회와 정당한 대가를 주어야 합니다. 또한 직원들의 안전과 건강에 관심을 보여야 하고, 무엇보다 늘 과감한 권한 위임, 즉 임파워먼트(empowerment) 등을 통해 높은 성과가 나오도록 뒷받침해주어야 합니다. 또한 그만큼 성과에 대한 냉정한 평가도 따라야 합니다. 그래야 내부 직원들을 통해 그 기업의 평판도 드높아집니다.

이를 잘 실천하는 기업이 넷플릭스(Netflix)입니다. 넷플릭스는 성과에 대해 늘 공정한 보상을 하면서, 휴가나 출장 등에서도 자율성을 보장합니다. 예를 들어 직원들은 자신이 원할 때 일부 지원 부서를 제외하고는 자율적으로 휴가를 갈 수 있습니다. 상사들도 스스로 모범을 보여 직원들의 자율적인 휴가를 독려하죠. 또한 출장 시에는 일괄적으로 여행사를 이용하지 않고 직원들이 자율적으로 교통편과 숙소를 잡도록 합니다. 다만 직원들에게 '넷플릭스의 최고의 이익을 위해 행동하라(Act in Netflix's best interests)'는 지침을 줍니다. 일일이 간섭하지 않을 테니 자율적으로 행동하되, 기업의 비용을 자신의 비용으로 생각하고 검소하게 사용하라는 의미죠. 책임감을 강조하되 자율성을 존중하는 원칙인데, 직원들도 이에 호응해 비용을 절감했습니다.

또한 넷플릭스는 직원들을 팀플레이어로 존중하되 과감하게 권한을 위임함으로써 높은 성과까지 창출합니다. 실제로 넷플릭스의 패티 맥코드(Patty McCord)는 자신의 저서 《파워풀(Powerful)》에서 "'직원들이 권한을 가지고 있다'는 사실을 잊지 마라. 당신이 그들에게 권한을 주는 것이 아니다. 그들의 권한을 인정하고 완고한 정책, 승인, 절차에서 그들을 풀어주어라. 장담

하건대, 그들은 놀랄 만큼 강력해질 것"이라고 말했습니다. 심지어 넷플릭스는 보상에서도 자율적 시스템을 택했습니다. 직원이 스톡옵션을 원하면 월급을 덜 주는 대신 스톡옵션을 더 받도록 한 것이죠.

내부 평판을 높이려면 직원 스스로가 자신이 존중받고 있다고 느끼도록 해줘야 합니다. 그러기 위해서 기업은 직원들을 존중하며 권한을 위임하고, 높은 성과를 내도록 적극 지원해야 합니다. 또한 그만큼 성과 평가에 대해서는 무척 냉철해야 합니다. 많은 미국 기업이 저성과자에 대해 성과 개선 프로그램을 통해 성과를 개선하려는 반면, 넷플릭스는 360도 다면 평가를 통해 직원을 상호 평가하고, 저성과자에 대해서는 본인은 물론이고 열심히 일하는 다른 직원들을 위해서라도 신속하게 해고합니다. 이를 잘 표현한 넷플릭스의 HR 슬로건이 "고용은 천천히, 해고는 빨리(Hire slow, Fire fast)"입니다. 직원을 존중하는 만큼 저성과자에 대해서도 분명한 원칙을 고수하고 있는 것이죠. 넷플릭스는 내부 평판에서 좋은 점수를 획득하며 2019년 〈포천〉이 뽑은 세계에서 가장 존경받는 기업 상위권에 선정되었습니다.

4

미래의 평판을 경영하라

REPUTATION
ECONOMY

CEO의 평판이
기업의 명성이 된다

영국의 다국적 컨설팅 그룹 딜로이트컨설팅(Deloitte Consulting)
에 따르면, 일반적으로 기업에 부정적인 평판을 야기하는 요소
는 다음페이지 표와 같습니다.

이 가운데 특히 기업 경영진과 CEO의 유감스러운 행동은 기
업 평판을 극히 하락시킵니다. CEO, 특히 창업기업가의 역할은
평판관리 측면에서도 무척 중요합니다. 창업기업가가 기업에서
얼마나 중요한지는 한 연구 결과에서도 그대로 나타납니다. 타
일러 코웬(Tyler Cowen)이 쓴 《기업을 위한 변론(Big Business)》에
따르면 "창업기업가가 애초에 최소한 50퍼센트 이상의 지분을
보유한 기업에서 CEO가 사망한 경우를 조사해보면, 비슷한 규

나쁜 품행	고객 데이터 또는 정보의 오남용 비윤리적인 방식으로 사업 수행 회사 내 개인이나 그룹의 불법 또는 부당 행위
의심스러운 판단	회사 경영진이나 CEO의 유감스러운 행동 경영진이나 CEO에 대한 과도한 보상 핵심 브랜드 가치에 모순되는 사업활동
운영상 결점	주요 제품 또는 서비스에 대한 품질관리 실패 자연재해 또는 인재로 인한 사업 중단
외부 공격	정치인 또는 공공기관의 부정적 발언 사실무근의 소문 또는 고소 회사의 사업활동에 반대하는 단체

*출처: Delotte Analysis

모의 '대조 기업군'과 비교했을 때 CEO가 사망한 기업의 매출은 평균 약 60퍼센트 하락했으며, 고용 수준도 약 17퍼센트 감소했다. CEO 사망 2년 후 이들 기업의 생존율은 대조 기업들에 비해 20퍼센트 낮았다"고 합니다. 그만큼 아무리 기업이 계속기업 상태(on going concern)에 있다 하더라도 기업 운영은 창업기업가에 의해 자리를 잡고 강성해지는 경우가 다반사입니다. 기업에 담겨 있는 창업주의 인성과 정신이 원동력이 되는 것이죠. 그리고 그때부터 쌓인 창업주의 평판이 기업 평판으로 한동안 유지됩니다. 창업주의 훌륭한 평판이 대대로 내려오면서 기업 평판이 유지되고 있는 LG그룹처럼 말입니다.

창업주뿐만이 아닙니다. 레퓨테이션 인스티튜트의 최고평판 책임자였던 스티븐 한그리피스(Stephen Hahn-Griffiths)의 말처럼 "CEO의 명성은 기업의 명성과 일치"합니다. 전문경영인 CEO의 평판도 기업 평판과 직결됩니다. CEO의 평판이 기업 평판으로 연결된 좋은 해외 사례는 마이크로소프트의 사티아 나델라(Satya Nadella)입니다. 사티아 나델라는 MS의 최고경영자로서 1992년 MS에 입사한 후 약 20년 만인 2014년에 CEO가 되었습니다. 나델라는 MS를 윈도 기업에서 클라우드 기업으로 탈바꿈하면서 CEO로 취임한 지 5년 만에 세계 1위의 시가총액을 지닌 기업으로 성장시켰습니다. 미국의 경제 전문지 〈블룸버그(Bloomberg)〉는 이러한 획기적 변화를 '나델라상스(Nadellaissance, 나델라Nadella+르네상스Renaissance)'라고 부르며 MS의 부활을 보도했습니다.

사티아 나델라는 빌 게이츠(Bill Gates)가 일구어 놓은 MS에 어떤 변화를 심었을까요? 바로 '인간애'입니다. 빌 게이츠가 경영자로 있던 MS사는 'Know-it-all 문화', 즉 '직원 모두가 모든 것을 알아야 한다'는 강한 경쟁 문화였고, '모든 가정에는 컴퓨터가 있어야 한다'는 절대절명의 목표를 가진 소프트웨어 기업이었습니다. 반면 사티아 나델라가 운영한 MS는 기업 문화를 'Learn-it-all', 즉 '누구든 배우면 된다'는 학습 문화로 바꾸었고, 제품보다는 사람 중심의 기업으로 변화를 꾀했습니다. 특히 빌 게이츠가 이른바 명문가의 전형적인 금수저였다면, 사티아 나델라는 인도 출신의 개발자였습니다. 그의 큰아들은 신체장애를 가지고 있기도 하죠. 그러다 보니 사티아 나델라는 누구보다도 인간애에 관심을 가졌고, 장애인을 위한 독서 소프트웨어를 개발하기도 했습니다. 사티아 나델라의 취임 이후 MS 주가는 급등했고, 기업의 평판 순위를 매기는 렙트랙 순위에서 2006년에 139위였다가 2019년에는 5위로 134계단 상승하기도 했습니다.

한편 기업 평판을 유지하기 위해 CEO가 사임한 경우도 있습니다. 바로 패스트푸드 체인 맥도날드의 스티븐 이스터브룩(Stephen Easterbrook)이 그 주인공입니다. 그는 2015년 3월 맥도날드 CEO로 취임할 당시 주당 100달러였던 주가를 4년 만에 200달러까지 오르게 만든 실력 있는 경영자였습니다. 하지만 자사 직원과의 사적인 관계로 이사회 의장 자리와 CEO 자리에서 해임되었습니다. 그는 사임의 변에서 "기업의 가치를 고려할 때 내가 나가야 한다는 이사회 의견에 동의한다"고 했습니다. 상세한 사실 관계는 알 수 없으나, 사후 성희롱 소송과 다른 직원과의 차별 대우 소송 등을 고려할 때 스티븐 이스터브룩의 퇴임은 글로벌 기업의 평판을 보호하기 위한 조치로 해석됩니다.

CEO가 아무리 성공적인 성과를 이루었다고 하더라도 기업에 치명적인 평판 리스크를 안겨주면 가차 없이 해고한 사례는 또 있습니다. 바로 나이키의 마크 파커(Mark Parker)입니다. 그는 1979년 나이키에 입사하여 40년을 근무하며 나이키를 도약시킨 장본인입니다. 2006년부터 14년간 CEO로 근무하며 나이키 매출을 150억 달러에서 390억 달러로 2.6배 성장시켰죠. 하지만 '저스트 두 잇(Just Do It)'이라는 기업의 슬로건만큼 도전적이고 성과 지향적인 나이키를 만들기 위해 기업을 공격적으로 운영한 것이 화근이 되었습니다. 나이키 소속 육상 코치가 연루된 도핑 스캔들에 마크 파커가 직간접적으로 관련 있을 것이라는 의혹이 불거지면서 그는 사임해야 했습니다.

CEO뿐 아니라 사외이사의 명성도 기업 성과에 영향을 미친다는 연구 결과도 있습니다. 호주 뉴사우스웨일스대학교(The University of New South Wales) 석좌교수 로널드 매설리스(Ronald Masulis)가 한국증권학회 콘퍼런스 기조연설에서 밝힌 바에 따르면 "여러 기업의 사외이사직을 동시에 겸직하고 있는 외부에 알려진 사외이사일수록 자신의 명성을 관리하고자 하고, 이는 기업의 성과에 긍정적인 영향을 미친다"라고 밝혔습니다.

이렇게 CEO나 경영진의 평판은 곧 기업의 평판입니다. 특히 우리나라 대기업 창업주들은 창업 이래, 기업의 평판을 유지하기 위해 나름의 철학을 가지고 열심히 기업을 일구어왔습니다. 그래서 창업주의 평판은 그 기업의 평판으로 계승되어 왔죠. 그런데 최근 창업주의 아랫 세대가 기업을 물려받으면서 애초 창업주의 정신과 초심을 잊고 일탈하여 기업 평판이 하락하는 경우가 많아졌습니다. 오너의 평판 리스크가 급증하고 있는 것이죠. 이는 대기업에만 해당되는 사례가 아닙니다. 국내에서는 스타트업 창업자들의 비즈니스 모델에 대한 검증 과정이 부실하거나 학력 위조 등 평판 논란이 불거졌습니다. 미국에서도 공유 오피스의 원조격인 위워크(WeWork)의 애덤 노이만(Adam Neumann)이 공금 횡령 및 마약 중독 논란으로 사임했습니다. 이렇게 추락한 창업기업가 혹은 CEO의 평판은 기업 평판도 함께 추락시켜 투자가 회수되거나 시장에서 퇴출당하기도 합니다. 2009년 8월 국내 피자 업계 최초로 코스닥에 상장되었던 MP그룹은 2017년 회장이 사퇴하고 구속되었음에도 결국 갑질 논란 1년 6개월 만에 상장 폐지의 위기에까지 몰리고 말았습니다.

우리나라의 경우 CEO가 되는 순간 '315개 형사 처벌의 대상'

부를 부르는 평판

이 됩니다. 대표이사가 형사 처벌을 받을 수 있는 10개 주요 법률의 벌칙 조항만 315개가 있으니까요(〈한국경제신문〉 2019년 8월 12일자 참조). 그러나 CEO 혹은 창업기업가나 그들의 2세, 3세들이 단순히 법률만 준수한다고 기업 평판이 유지되는 건 아닙니다. 누구보다도 노블리스 오블리제(noblesse oblige)를 준수하며 사회의 모범이 되고 건전한 경영 윤리를 고수해야 합니다. 세계 어디서나 대중은 유달리 기업가에 대해 사업적으로나 윤리적으로 엄격한 기준을 제시하고 있습니다.

CEO의 가장 중요한 책무

그렇다면 만약 오너 혹은 CEO가 평판 리스크에 휩싸였다면 어떻게 해야 할까요? 땅콩회항 사건을 통해 기업의 새로운 경영 전략을 들여다본 책 《평판 사회》에서 그 해법을 발견할 수 있습니다. 저자는 이 책에서 "위기, 특히 오너가 관련된 위기가 발생하면 의사 결정 초기 과정에서 법무팀의 과도한 개입을 막아야 한다는 것이다. 법무팀은 국민 정서를 악화시킬 가능성이 가장 높은 조직이기 때문이다. 일반적으로 변호사들은 침묵하거나 비난과 유죄를 부인하고, 책임을 다른 사람에게 전가하라고 조언한다. 재판만 생각하면 맞는 이야기일 수 있다. 하지만 재판은 여론 재판의 영향을 받게 마련이다. 법정에서 유죄가 입증되기 전까지는 무죄라고 명시하지만, 여론 법정에서는 결백을 입증하기 전까지 유죄라고 선언한다"라고 서술했습니다.

오랜 기간 동안 사내변호사로 근무했던 저의 입장에서 볼 때 법무팀의 과도한 개입을 금지하라는 조언은 무척 중요합니다. 어떤 리스크이든 사전 예방이 가장 중요합니다. 법무팀에서는 이를 '예방 법무(preventive legal measure)'라고도 합니다. 그런데 오너 리스크는 사실 법무팀에서 사전에 좌우할 수 있는 사안이 별로 없습니다. 그리고 실제 오너 리스크 사안이 발생하면 법무팀은 향후 있을 수사, 조사, 재판 등을 염두에 두고 업무를 처리합니다. 따라서 당장의 여론 혹은 이해관계자들의 시각은 우선순위가 아닙니다. 여론이 법적인 절차에 반영되어 형벌이 확정되기 전까지 길게는 수년간의 시간이 걸리기 때문입니다. 따라서 법무팀은 다소 긴 미래를 염두에 두고 오너 리스크에 대응할 수밖에 없습니다. 오히려 법무팀이 과도하게 개입하지 못하도록 다른 팀들이 균등하게 개입해야 합니다. 즉 오너 리스크가 발생하면 법무팀이나 홍보팀만 리스크 해결에 투입될 것이 아니라 전사적인 대응 시스템을 구축해야 한쪽 방향으로 편향되지 않는 대응책이 나올 수 있습니다.

만약 기업이 오너 승계 과정에 있다면 '이슈 관리팀'을 상설화해야 합니다. 이 팀의 명칭은 무엇이든 관계없으며, 업무 또한 오너 리스크에 국한되지 않습니다. 다만 차세대 CEO가 안정될 때까지 별도의 조직으로 기업의 평판을 지켜주는 역할을 해야 합니다. 존 도얼리(John Doorley) 등이 쓴 《기업 생존을 좌우하는 명성 경영 전략(Reputation Management)》에 따르면 "이슈 관리팀은 조직 내(예를 들어 법률, 제조, 인사, PR, 마케팅, 광고, 판매, 보안, 행정, 정보 기술 등) 핵심 기능 분야를 대표하는 사람들의 상설 집단이다. 정해진 일정에 따라 만나고 또한 긴급하거나 속보 발행이 필요할 때면 언제든지 만난다"고 합니다. 이 팀은 기업 평판에 영향을 미칠 만한 이슈에 대해 크기와 정도를 평가하고, 중앙 정보 센터 역할을 담당하며, 특정한 이슈에 대해 커뮤니케이션 과정을 총괄합니다.

오너의 평판은 기업 평판과 직결되어 있으므로, 만약 오너 리스크가 발생하면 이해관계자들과 접점에 있는 모든 부서가 함께 대응해야 합니다. 특히 기업이 이슈를 오너 개인의 문제로 치부하여 유체이탈식 성명서를 발표하거나 사안을 가볍게 대한다면, 여전히 기업과 오너를 심리적으로 동일시하는 이해관계자들은 실제로 개인이 법인 운영에서 손을 떼지 않는 한 개인과 법인의 분리는 쉽게 수용하지 않습니다.

CEO의 가장 중요한 책무는 자신의 평판을 잘 유지하는 것입니다. CEO는 러시아 격언처럼 "언제든지 하나의 행동으로 유명해지고, 또 다른 행동으로 불명예스러워질 수 있기 때문"입니다.

부를 부르는 평판

내부 평판은 늘 정답이다

마크 저커버그(Mark Zuckerberg)는 "당신이 수년간 안정되어 있었다면 당신은 안정적이라는 평판을 얻을 것이다(You get a reputation for stability if you are stable for years)"라고 말했습니다. 기업이 그간 안팎으로 보인 모습이 앞으로의 평판을 결정할 것이라는 뜻이죠. 여기서 중요한 단어는 '수년간(for years)'입니다. 기업이 가져야 하는 일관성을 강조한 말이 아닐까 싶은데요. 이해관계자들은 기업에 '언행일치(言行一致)'를 바랍니다. 그리고 기업이 말하는 자사의 평판 스토리(reputation story)에 속임수가 없기를 원하죠. 결국 기업은 안팎으로 한결같은 모습을 보여주어야 합니다. 그 기업의 속살을 샅샅이 알고 있는 이들은 바로 직원들입니다. 그렇기에 직원들을 위한 내부 평판을 높이는 것은 늘 정답입니다.

기업들은 평판이라고 하면 외부에서 바라보는 평판에 집중하고 정작 임직원이 바라보는 내부 평판은 소홀하게 여깁니다. 지금도 한국의 잡플래닛이나 미국의 글라스도어처럼 직장인들의 각종 대나무숲이 우후죽순처럼 생겨나고 있습니다. 전현직 임직원들의 의견 사이트인데, 지금 우리나라에서는 청와대 청원 게시판까지 기업의 신문고 같은 역할을 하고 있습니다. 내부 평판이 낮은 기업은 이중고를 겪습니다. 내부 직원들은 이직을 계획하고, 취준생들이나 구직자들은 평판 검색을 통해 그 기업을 피하는 악순환이 반복되죠. 이런 대나무숲들은 직장에 대한 다양한 의견을 모아 기업의 발전에 도움을 준다는 긍정적인 측면도 있지만, 한편으로는 기업에 대한 편향된 시각이 외부에 왜곡되어 노출될 수 있다는 부정적인 측면도 있습니다.

그렇다면 왜 내부 평판이 중요할까요? 자신의 기업에 만족하지 못하는 직원 개개인은 무의식중에 그 불만을 고객에게 전달합니다. 그리고 그 불만은 결국 나쁜 외부 평판으로 자리 잡습니다. 또한 직원들의 일에 대한 열정이나 관심이 떨어지면 자칫 안전사고로 이어질 수 있고, 자사에 대한 충성도 하락으로 업무 몰입도 또한 현저히 떨어집니다. 이 모든 것이 제품과 서비스에 그대로 반영되어 기업 평판으로 장착됩니다. 넛지 마케팅(Nudge Marketing)사의 자료에 따르면 2015년 현재 소비자가 일상적으로 보는 온라인 광고만 해도 매일 3,000비트 이상이라고 합니다. 그리고 그 광고를 보고 나서 온라인 쇼핑을 할 때도 평균 21개의 사이트를 비교하여 구매한다고 합니다. 그런데 그렇게 심사숙고해서 제품을 고른 뒤 오프라인 매장에 가서 제품을 구매하는 경우가 있습니다. 요즘처럼 온라인 쇼핑이 쉬워진 시대에 고객이 오프라인 매장에 오는 순간은 정말 진실의 순간(moment of truth)입니다. 왜냐하면 고객을 일선(front line)에서 대하는 직원들이 가진 '관계 자산(relationship equity)'이 강하게 작동하기 때문입니다.

'관계 자산'이란 직원과 고객과의 상호 존중, 신뢰, 호의 등으로 구성된 자산으로 결국은 고객으로 하여금 지갑을 열게 만드는, 아니면 적어도 고객에게 친절함의 경험을 각인시키는 기초입니다. 그런데 내부 평판이 낮은 기업의 직원들, 즉 내부 고객을 소홀히 하는 기업의 직원들은 당연히 고객과의 관계 자산이 낮게 형성되어 있을 것이고, 그 부실한 자산은 그대로 고객에게 전달됩니다. 다시 말해 불친절하거나 판매에 열정이 없는 직원은 제 발로 오는 고객도 쫓아낸다는 뜻이죠. 낮은 내부 평판은 이렇게 부실한 관계 자산으로 고객에게 전가됩니다.

포에버21(Forever21)은 낮은 내부 평판으로 실패한 대표적 기업입니다. 포에버21은 1984년 한국인 부부가 LA에 조그맣게 매장을 차려 시작한 의류 판매 업체로 창업 30여 년 만인 2015년에 매출 44억 달러, 종업원 4만 3,000명에 달하는 신화적인 기업으로 승승장구했습니다. 그렇게 잘나가던 포에버21이 2019년 9월 30일 미국 델라웨어주 연방법원에 파산보호를 신청합니다. 포에버21의 파산 사유는 여러 가지로 분석되지만 그중 하나가 직원들에 대한 소홀한 처우였습니다. 한 예로 2012년 다섯 명의 직원이 포에버21을 상대로 소송을 제기했습니다. 회사 측에서 점심시간 휴식도 보장하지 않았고, 퇴근 시간 이후에도 '가방 검사'를 했다는 이유였지요. 깨진 유리창의 법칙처럼 본격적인 위기가 오기 전에는 늘 사소한 조짐이 몰려오곤 합니다. 2015년 포에버21은 '미국 최악의 직장 4위'에 올랐습니다. 2016년 연방 노동부의 단속 결과 포에버21은 노동법 관련 규정 위반 최다 1위를 차지하는 불명예를 안았습니다. 직원들에 대해 공정한 처우가 지속적으로 이루어지지 않은 것이죠. 그렇게 직원들의 마음이 기업에서 떠나면 고객도 함께 떠나갑니다.

내부 평판이 낮은 이유는 보통 세 가지 정도로 요약할 수 있습니다. 첫 번째는 직원들에게 공평한 업무 기회가 주어지지 않고, 공정한 보상 또한 이루어지지 않는 경우입니다. 두 번째는 직원들이 생각하는 기업의 핵심 가치나 방향성과 모순되게 기업이 움직이는 경우입니다. 세 번째는 직원들에게 성장의 기회를 주지 않거나 동기부여, 권한 위임 등을 하지 않는 경우입니다. 결국 직원들이 행복하지 않은 기업이 내부 평판이 낮습니다. 반대로 훌륭한 내부 평판은 기업이 직원을 어떻게 대하는가, 그리고 직원들은 어떤 점에서 만족하는가, 또한 얼마나 상호 존중하고 서로 배려하는가로 만들어집니다. 공정한 보상과 평가, 동기부여와 권한 위임 그리고 그 바탕에 있는 조직이 제공하는 심리적 안정감, 존중과 배려 등이 내부 평판을 높입니다.

기업의 내부 평판이 외부 평판보다 높을 때 기업 매출이 더욱 상승한다는 국제경영개발대학원(IMD, International Institute for Management Development)의 로사 전(Rosa Chun) 교수의 연구 결과는 유명합니다. 행복한 직원의 생산성이 더욱 높다는 연구 결과도 있습니다. 2019년 옥스퍼드 새드경영대학원(Oxford University Said Business School)은 브리티시 텔레콤(British Telecom)의 1,800명 콜센터 직원들을 대상으로 매주 이메일 서베이를 통해 직원들의 행복도를 측정하고, 그 측정과 업무와의 상관관계를 살펴보았습니다. 결과는 행복을 느끼는 직원들이 업무를 빠르게 처리했고, 시간당 콜도 더 많이 했으며, 불행한 동료들보다 13퍼센트 더 높은 성취율을 보였습니다. 물론 이 연구 결과는 내부 평판과 직원의 생산성의 상관관계를 연구한 결과는 아니었지만, 직원들이 느끼는 어떠한 행복감이든 결국 기업의 생산성과 연결된다는 점에서 주목할 만합니다.

직원의 행복을 최우선으로 여기는 기업도 있습니다. 바로 주식 기업 '행복(Happiniess Ltd.)'입니다. 이 기업은 케임브리지대학교(University of Cambridge)에서 경제학을 공부한 헨리 스튜어트(Henry Stewart)가 1987년 런던에 세운 기업으로 헨리 스튜어트는 현재 이 기업의 CHO(Chief Happiness Officer)를 맡고 있습니다. 그는 한 인터뷰에서 '행복'이 영국에서 5년 연속 20대 직장에 뽑힌 이유에 대해 이렇게 답했습니다. "우리는 기본적으로 신뢰를 바탕으로 한 직장입니다. 우리는 직원들이 자신이 좋아하는 것을 찾도록 돕고, 그들에게 실제 권한을 부여하며, 명확한 지침 내에서 최선을 다할 수 있는 신뢰와 자유를 줍니다. 그리고 무언가 잘못되더라도 비난하는 문화가 없으며 실수를 축하합니다."(출처: https://work.life/blog/workmeetshenrystewart/)

여기서 '실수를 축하한다'는 말은 무척 중요한 내부 평판 요소입니다. 기업이 공정한 보상을 강화하기 위해서는 직원들에게 늘 '심리적 안정감(psychological safety)'을 제공해야 합니다. 심리적 안정감은 하버드대학교(Harvard University]) 종신교수 에이미 에드먼슨(Amy C. Edmondson)이 주장한 이론으로 '직원이 기업에서 실패해도 벌을 받거나 굴욕감을 느끼지 않을 것이라는 믿음'을 말합니다. 물론 그 실패는 기업과 함께 처음부터 설계되어 기업의 목적과 일치하는 경우에 한합니다. 책임을 물어 신상필벌(信賞必罰)하는 것은 중요합니다. 그러나 그동안의 과정을 무시한채, 혹은 조직의 책임은 묻어둔 채 단순히 결과만 놓고 개인에게 모든 책임을 묻는다면 직원들, 특히 인재들은 먼저 조직을 이탈할 것입니다.

내부 평판의 키워드는 공정, 자율, 위임, 존중, 행복입니다. 중국 속담에 "머스크 향이 있는 곳에서는 향수를 뿌릴 필요가 없다"는 말이 있습니다. 내부 평판이 좋다면 직원들은 자발적으로 동기부여가 되어 업무에 몰입할 것입니다.

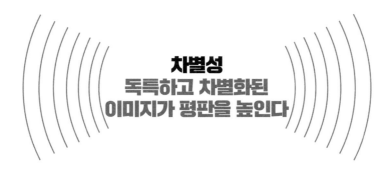

차별성
독특하고 차별화된
이미지가 평판을 높인다

평판과 명성은 혼용되어 쓰입니다. 그래서 굳이 레퓨테이션(re-putation)과 패임(fame)으로 구분하기도 하고, 평판이 자산이 되면 그때부터 평판은 명성이 된다고 설명하기도 합니다. 표준국어사전을 찾아보면 명성은 '세상에 널리 퍼져 평판 높은 이름'이라고 되어 있습니다. 명성은 평판이 높아진 이름이라는 것입니다. 그래서 많은 글로벌 기업들이 단순히 평판 좋은 기업에 멈추지 않고 존경받거나 추앙받는 기업, 즉 명성 높은 기업이 되고 싶어합니다. 그러면 이렇게 높아진 이름을 가지려면 기업은 무엇을 해야 할까요?

세계적인 평판전문가 제니퍼 잰슨은 'GOSPA'를 강조하며 평판도 전략적으로 경영해야 한다고 강조합니다. 여기서 'GOSPA'란 목적(Goals), 목표(Objectives), 전략(Strategy), 계획(Planning), 실행(Actions)의 약자로 평판관리의 단계별 접근 방법을 의미합니다. 먼저 기업은 '목적', 즉 '기업이 바라는 평판'을 재정의해야 합니다. '피스타치오' 프로세스를 통해 현재의 평판을 점검하고 앞으로의 평판을 세우는 것이 바로 그 과정입니다. 그렇게 기업이 원하는 평판을 재정의했다면 측정 가능한 '목표'를 새롭게 정해야 합니다. 이때 목표는 기업이 가지고 있는 부정적 이미지를 해소하거나 이해관계자와의 잠재적 갈등을 예방하는 것입니다. 이렇게 목표가 세워지면 구체적으로 '전략'을 짜야 합니다. 전략이 결정되면 매 진행 과정에서 당초 '계획'대로 전략이 잘 진행되고 있는지 확인할 수 있어야 합니다. 그러고 나서 기업은 정해진 기간 안에 수행할 평판 경영활동을 일, 주, 월 단위로 구체화해야 합니다. 이렇게 평판 경영은 자사의 평판에 대한 정의, 목표 수립, 전략 설계, 계획 입안, 실행의 구체화로 추진되어야 합니다.

이 중 특히 평판을 높이는 '평판 전략(repuatation strategy)'이 중요합니다. 찰스 폼브런 교수는 그의 책 《명성을 얻어야 부가 따른다(Fame and Fortune)》에서 기업 평판을 높이려면 '차별성'가시성' '신뢰성' '투명성' '일관성'을 확보하라고 권합니다. 이 가운데에서 저는 차별성과 가시성을 무척 중요하게 생각합니다. 평판이 우수한 기업들은 모두 '평판 기반(reputaion foundation)'이 있습니다. '평판 기반'이란 기업이 가지고 있는 평판의 바탕이자 토대로 '평판 플랫폼'이라고도 불립니다. 어떤 기업을 생각했을 때 떠오르는 그 기업에 대한 이미지, 제품이나 서비스의 품질, 기업 철학, CEO의 리더십, 사회적 평가 등이 평판 기반이죠. 기업이 정부나 단체로부터 저명한 상을 수상하는 것도 평판 기반 중 하나입니다. 평판 높은 기업에 높은 순위로 랭크되는 것도 평판 기반이 됩니다. 때로는 유능한 CEO의 존재 자체가 평판에 영향을 미치기도 합니다. 이해관계자들은 그러한 평판 기반을 이성적이고 감정적으로 인지하고, 이를 기업의 평판 근거로 삼습니다.

그런데 그 평판 기반은 독특하고 차별화될수록(unique and distinctive) 효과적입니다. 폼브런 교수는 차별성의 훌륭한 도구로 '기업의 슬로건, 캠페인, 태그라인' 등을 제시했습니다. 그런 것들이 기업이 가고자 하는 비전과 전략을 보여줄 뿐 아니라 그림과 텍스트를 통해 이해관계자들에게 호의적인 감성을 갖게 해준다는 것이죠. 평판 기반은 논리적인 면은 물론이고 감성적인 면도 있습니다. 요즘 같으면 기업에 따라 붙는 해시태그나 기업 캐릭터도 대표적인 차별화 기반입니다.

CVI(Corporate Visual Identity)라고 들어보셨나요? 기업이 가진 평판 기반을 비주얼로 구체화하는 것을 가리킵니다. 한 연구에 따르면 기업의 전략을 담은 CVI는 다른 경쟁자와 차별화하고, 결과적으로 이해관계자들에게 감성적으로 기업을 소구하여 견고한 평판으로 자리 잡게 해줍니다(아네터 반 덴 보스(Annette L. M. van den Bosch) 교수와 메노 데 용(Menno D. T. de Jong) 교수 등이 연구한 〈기업의 비주얼 동질성이 기업 평판을 어떻게 유지하는가(How corporate visual identity supports reputation)〉 참조). 예를 들어 폼브런 교수는 시티그룹(Citigroup)이 한때 사용했던 우산을 씌운 로고가 신뢰와 안전에 기반을 둔 금융기관으로서 보호의 의미를 강화했다고 설명합니다.

슬로건은 어떨까요? 폼브런 교수에 따르면 차별화된 슬로건은 기업의 평판지수 등급을 성공적으로 바꾼다고 합니다. 그러면 그렇게 효과적인 기업 슬로건은 어떻게 만들 수 있을까요? 첫째, 오늘의 슬로건이 미래의 비즈니스를 포용할 수 있어야 합니다. 제록스(Xerox)가 복사기 기업이었을 때 쓰던 슬로건 "우리는 더 열심히 한다(We try harder)"를 "세상을 바꾸는 솔루션

(Solutions for a Changing World)'으로 바꾸며 솔루션 기업으로 거듭 날 수 있었듯이 말입니다. 둘째, 역시 입에 붙어야 합니다. 나이 키의 '저스트 두 잇'처럼 듣기 좋게 짤랑(jingle)거려야 합니다. 셋째, 반드시 무엇을 말하려는지 듣는 사람에게 쉽게 전달되어야 합니다. 꼭 짧지 않아도 됩니다. 다소 길어도 상관없습니다(인디애나대학교 켈리경영대학원(Indiana University Kelley School of Business) 교수 시랜지브 코리(Chiranjeev Kohli), 랜스 레우시저(Lance Leuthesser), 라즈니시 서(Rajneesh Sur)가 작성한 〈슬로건을 갖고 싶다고? 효과적인 슬로건을 만들기 위한 가이드라인(Got slogan? Guidelines for creating effective slogans)〉 참조).

그런 면에서 2019년 〈포천〉이 선정한 세계에서 가장 존경받는 기업 10위권 안에 드는 기업들의 슬로건을 살펴보죠. 애플은 "다르게 생각하라(Think Different)", 아마존은 "열심히 일하라, 재미있게 놀아라(Work Hard, Have Fun)", 알파벳은 "옳은 일을 하라(Do the right thing)", 넷플릭스는 "다음에 어떤 일이 일어날지 보라(See what's next)", 페덱스는 "정시의 세계(The World on Time)"입니다. 모두 어렵지 않은 단어들로 이루어져 있지만, 슬로건만 보아도 기업이 지향하는 기업 문화와 경영 철학이 한눈에 들어옵니다.

다트머스대학교 경영대학원(Tuck School of Business at Dart-mouth)의 폴 아젠티(Paul Argenti) 교수는 평판을 관리하는 전략을 네 가지로 나누었습니다. 평판을 무모하게 방치하는 전략, 선행을 베푸는 척하며 관리하는 전략, 적절히 자원을 배분해서 능숙하게 관리하는 전략, 진정한 경쟁 우위로서 기업의 신뢰를 강화하는 전략이 그것입니다. 그중에서도 아젠티 교수는 경쟁 우위로서의 신뢰 전략을 추천하며 필립스(PHILIPS)를 예로 들었습니다. 필립스는 다양한 헬스케어와 라이프 스타일 기업으로 사업 범위를 확대하려고 지난 10년간 두 축의 기업 캠페인을 벌였습니다. 내부적으로는 기업의 정체성을 강화하고자 '하나의 필립스(ONE PHILIPS)'를 제시했습니다. 외부적으로는 제품군을 재배치하며 '감각적이며 간단함(Sense and Simplicity)'을 슬로건으로 전개했습니다. 이를 통해서 필립스는 글로벌 기업임에도 다양한 문화를 통합했고, 기업의 평판을 일관성 있게 구축할 수 있었습니다. 이렇게 두 축의 슬로건과 캠페인만으로 필립스의 평판은 경쟁 우위에 섰고, 결과적으로 높은 명성을 가진 기업으로 성장했습니다.

슬로건이나 로고도 경영 목표와 기업의 제품 서비스 포트폴리오에 맞추어 계속 변해야 합니다. 그래야 평판도 달라지고 높아집니다. 필립스는 2013년에 혁신과 시장 확장을 목표로 "혁신과 당신(Innovation & You)"으로 슬로건을 바꾸었습니다. 그 안에는 2025년까지 혁신을 바탕으로 제품의 구매 고객을 약 30억 명으로 2배 증가시키겠다는 뜻이 담겨 있습니다.

필립스의 사례에서 보듯 기업의 슬로건, 로고, 트레이드마크, 태그라인 등은 가장 쉽고 확실하게 이해관계자들에게 보일 수 있는 평판 기반입니다.

평판의 차별화를 위해서는 CVI를 정교하게 활용하는 것이 효과적입니다. 〈어떻게 기업의 비주얼 동질성이 기업 평판을 유지하는가〉라는 연구에 따르면, CVI는 기업의 목표와 비전, 전략과 마케팅, 커뮤니케이션과 일치할 때 강력한 힘을 발휘합니다. CVI는 색깔, 빌딩 모양, 기업 복장 등에 다양하게 적용할 수 있을 정도로 활용도가 높습니다. CVI가 외부로부터 주목받을수록 그 기업의 평판에 강한 영향을 끼칩니다. 평판은 이해관계자들이 기업에 대해 갖고 있는 매력의 총합입니다. 따라서 기업 전략을 담은 CVI는 다른 경쟁자와 차별화하고, 결과적으로 이해관계자들이 감성적으로 기업을 소구하여 견고한 평판으로 자리 잡을 수 있게 해줍니다.

대표적인 기업이 싱가포르항공(Singapore Airlines)입니다. 싱가포르항공을 떠올리면 아마 많은 사람이 '싱가포르 걸'이라 불리는 승무원의 밝은 미소를 떠올릴 겁니다. 싱가포르의 전통의상 바틱(batik)에서 차용한 사롱 케바야(sarong kebaya)를 입고 밝은 미소를 짓는 승무원의 사진은 서양 승객들에게 동양적인 환대의 상징이자 표상으로 자리매김했습니다. 싱가포르항공은 다른 항공사와 달리 친절한 스태프의 환대를 CVI로 내세웠습니다. 고객에 대해 세심한 서비스를 제공하겠다는 비주얼을 평판 기반으로 삼은 것이죠. 전략적이면서도 보기에도 좋은 비주얼은 평판을 강화합니다.

스타벅스도 1971년 그리스 신화에 나오는 바다의 요정 '세이렌(Seiren)'을 중앙에 그려 넣고 그 둘레에 '스타벅스 프레시 로스티드 커피(STARBUCKS FRESH ROASTED COFFEE)'라는 글자를 넣어 세이렌이 사람을 홀리듯 스타벅스 커피를 팔겠다는 의도로 로고를 만들었습니다. 1987년 하워드 슐츠가 스타벅스를 인수하면서 로고는 다시 바뀝니다. 세이렌의 머릿결에 현대적인 감성으로 굴곡을 넣었고, 양쪽 꼬리지느러미에 별을 강조했죠. 1992년 스타벅스 로고는 다시 바뀌었는데요. 세이렌의 하반신이 사라지고 옅은 미소를 지은 세이렌으로 조금 더 확대되었습니다. 그러다 2011년에 스타벅스 커피라는 글자가 빠지고 세이렌의 모습을 더욱 확대하여 세이렌의 이목구비와 부드러운 미소가 돋보이도록 로고를 바꾸었습니다.

스타벅스 로고 속의 세이렌은 이제 더 이상 저 멀리 바위에 앉아서 선원들을 수장시켰던 요정이 아니라, 아주 친근하게 미소 지으며 다가오는 여신 같은 이미지로 변했습니다. 스타벅스도 로고가 변함에 따라 더 이상 커피만 파는 프렌차이즈가 아닌, 문화 라운지로 탈바꿈하며 친절과 고품질이라는 평판을 계속 축적하고 있죠.

이처럼 기업의 로고나 슬로건을 만드는 것 하나도 평판과 깊이 관련되어 있습니다. 로고, 캠페인, 비주얼이 기업의 평판 기반을 구축하기 때문입니다. 소크라테스(Socrates)는 "좋은 평판을 갖는 방법은 당신이 보이고 싶은 모습이 되도록 노력하는 것이다(The way to gain a good reputation is to endeavor to be what you desire to appear)"라고 말했습니다. 따라서 기업이 구축하고 싶은 이미지가 기업의 로고나 슬로건에 담겨 있는지 살펴보아야 합니다. 그 이미지는 기업을 차별화하며 평판을 높입니다.

가시성
반복적으로, 친근하게,
긍정적으로 다가가라

요즘 MZ세대는 '있어빌리티'라는 신조어를 씁니다. 외부의 시각에서 볼 때 무언가 있어 보이게 한다는 뜻이라고 합니다. 기업은 어떨까요? 기업도 대외적으로 드러낼 필요가 있을까요? 물론 은둔의 경영자, 즉 조용한 우등생을 지향하는 기업들도 있습니다. 프랑스 속담에 "잘 살려면 숨어 살라"라는 말도 있죠. 하지만 요즘은 SNS가 발달하면서 기업의 모습이 그대로 노출됩니다. 숨고 싶어도 숨을 수가 없죠. 그러니 이제 기업도 가시성(visibility)에 주목해야 합니다. 어차피 보일 수밖에 없으니 기왕이면 이해관계자들에게 어떻게 하면 좋게 보일 수 있을까 노력하고 연구해야 합니다. 즉 평판에 도움이 되게 외부에 기업의 모습을 잘 드러내야 합니다.

찰스 폼브런 교수에 따르면 기업 평판에 영향을 주는 세 가지 사회적 요소가 있습니다. 첫 번째는 광고, 두 번째는 지역사회의 활동, 세 번째는 미디어 노출입니다. 이 세 가지 요소의 공통점은 무엇일까요? 바로 기업의 활동을 적극적으로 드러낸다는 점입니다. 기업이 이해관계자에게 눈에 띄는 정도, 즉 가시성이 중요하다는 점을 강조하고 있죠. 폼브런 교수는 이를 '최초상기율(top of mind awareness)'로 설명했습니다. 가시성은 소비자 마음의 사다리 맨 위 칸을 차지하고 있을 때 높아지며, 결국 '최초상기율'의 맨 위 칸으로 갈수록 기업 평판이 높아진다는 것입니다. 쉽게 말하면 소비자에게 친근하면 친근할수록 기업 평판은 더욱 향상된다는 뜻이죠. 폼브런 교수의 연구 〈누가 기업 평판의 최상위에 있는가?(Who's Tops in Corporate Reputation?)〉에 따르면, 1999년도에 소비자의 마음에 각인된 미국 내 상위 10위 기업은 존슨앤드존슨, 코카콜라 등이고, IT기업 중 상위 20위는 마이크로소프트, 인텔 등이었습니다. 당시에 이 기업들은 소비자들의 마음속에 최상위 사다리를 차지하고 있었습니다.

우리가 알고 있는 기업들을 한번 떠올려볼까요? 어떤 기업의 평판은 아예 떠오르지도 않을 겁니다. 그 기업은 평판이 거의 없다는 뜻이죠. 그렇다고 해서 기업이 평판관리를 전혀 하지 않은 것도 아닙니다. 기업 입장에선 열심히 관리했는데도 이해관계자들의 눈에 띄지 못했거나 주목받지 못한 것입니다. 따라서 기업은 이해관계자들에게 경영활동과 목적이 잘 드러날 수 있도록 가시성을 확보하는 것이 중요합니다.

그렇다면 이제 기업이 가시성을 확보하려면 어떻게 해야 하는가 하는 문제가 남습니다. 우선 대중과 시장으로 크게 나누어 살펴보겠습니다. 폼브런 교수에 따르면, 대중에게 가시성을 확보하기 위해서는 기업이 거리에서 자주 눈에 띄어야 하고, 기업이 국가적 유산임을 알리며, 언론에 큰 비중으로 다뤄져야 합니다. 시장에서는 어떨까요? 강력한 기업 브랜드나 브랜드 포트폴리오를 갖거나, 주식시장에 상장하거나, 사회적 책무를 추구해야 합니다. 일례로 길거리에서 사인보드 등으로 홍보하는 기업은 당연히 가시적으로 드러납니다. 더구나 그 기업이 좋은 기업으로 인식된다면 그 가시성의 효과는 더욱 높아지겠죠. 도시의 대표 기업도 가시성이 높을 수 있습니다. 시애틀의 스타벅스나 더블린의 기네스 맥주처럼 말입니다.

하지만 요즘처럼 SNS가 발달한 시대에는 긍정적인 가시성도 중요하지만 부정적인 가시성을 제거하는 것이 더 중요합니다. 부정적인 가시성의 대표적인 사례가 바로 기업을 둘러싼 '가짜 뉴스(fake news)'입니다. 가짜뉴스란 사람들을 선동하거나 혼동시킬 목적으로 고의성을 가지고 온라인이나 전통적인 미디어로 확산된 잘못된 정보를 말합니다. 2017년 여름 스타벅스는 가짜뉴스에 휘말립니다. 스타벅스가 '드리머 데이(Dreamer Day)'라는 행사를 통해 미국에 입국한 이민자 가운데 등록되지 않은 이민자들에게 무료 프라푸치노를 준다는 뉴스가 발표된 것이죠. 스타벅스 로고, 시그니처 글꼴, 음료 사진 등을 포함한 광고에 해시태그(#borderfreecoffee)가 붙어 배포되었습니다. 스타벅스는 즉시 트위터 등을 통해 '스타벅스는 이런 행사를 후원하지 않는다'고 신속하게 대응했습니다. 스타벅스처럼 평판이 견고한 기업도 가짜뉴스에 휘말릴 수 있다는 경각심을 일깨워준 사례였습니다. 이러한 가짜뉴스에 기반한 주목도가 바로 대표적인 부정적 가시성이며, 기업은 이러한 부정적 가시성을 즉각 제거해야 합니다.

위기 커뮤니케이션 컨설팅 인시그니아(Insignia)의 전무이사 조너선 헤무스(Jonathan Hemus)는 가짜뉴스가 떠오를 때 기업의 명성을 보호하기 위한 5단계 접근 방식을 제시했습니다. 첫 번째는 신속한 대응입니다. 우선 가짜뉴스를 처리할 수 있는 팀을 구성하고 주요 멤버를 팀원으로 참여시킵니다. 그리고 각자의 역할과 책임 그리고 기업의 대응 조치 계획을 짭니다. 신속하고 효과적으로 행동할 수 있도록 추가 리소스와 사람 또는 기술을 확보해야 합니다. 두 번째는 상황을 모니터링해야 합니다. 가짜뉴스를 다루는 핵심은 속도라는 점을 감안할 때, 최대한 빨리 가짜뉴스의 내용을 정확히 파악하는 것이 평판 보호를 위한 전제 조건입니다. 기존 미디어, 온라인 및 소셜미디어에서 브랜드나 기업이 언급된 기사를 실시간 모니터링해야 합니다. 세 번째는 신속하게 응답해야 합니다. 가짜뉴스에 대해서는 대응 속도가 핵심이지만, 가짜뉴스가 등장하자마자 격렬하게 반응하는 것은 오히려 큰 역효과를 불러올 수 있습니다. 가짜뉴스에 대한 대응이 눈에 띄지 않는 실수인지, 아니면 큰 명성을 얻을 수 있는 기회인지 신속하게 결정해야 합니다. 응답을 신속히 결정하려면 다시 다음과 같이 세 가지 기준이 있어야 합니다.

- 가짜뉴스의 주장이 얼마나 해로운가?
- 몇 명이 가짜뉴스에 대해 이야기하고 있는가?
- 가짜뉴스가 사람들에게 얼마나 영향을 끼치는가?

네 번째는 기업의 분명한 입장을 전해야 합니다. 사전 의사소통이 적절한 대응책이라고 가정하고 신속하고 광범위하게 의사소통을 해야 합니다. 부정확한 문제를 해결하고 온라인, 소셜 및 기존 미디어를 통해 비즈니스에 대한 정확한 정보를 입력해야 합니다. 다섯 번째는 역시 주요 이해관계자에게 가짜뉴스는 진실이 아니라고 전달해야 합니다. 기업의 비즈니스에서 가장 중요한 사람들의 우선순위를 정하고 자신의 채널(웹사이트, 소셜미디어 피드, 인트라넷 및 대면 연락)을 통해 그들이 비즈니스에 대한 진실을 기업으로부터 직접 들을 수 있도록 해야 합니다.

이 과정에서 정말 중요한 것은 직원들에게 최우선 순위로 브리핑해야 한다는 점입니다. 자신들이 일하고 있는 조직을 계속 신뢰하는 것이 필수적일 뿐 아니라, 상황에 대해 정확한 진실을 숙지한 직원은 기업의 답변을 지인들에게 설명하기 때문이죠. 직원들은 기업의 최고 지지자가 될 수 있습니다.

그렇다면 기업의 긍정적인 가시성을 높이는 방법은 무엇일까요? 기업이 국제적인 행사의 파트너가 되어 활동하는 것입니다. 올림픽 같은 행사 말입니다. 올림픽을 후원한다는 것은 우선 그 기업의 기술력과 신뢰도에 의심의 여지가 없다는 것을 보여줍니다. 또한 올림픽 기간 동안 세계 어디서나 눈에 띄어 가시성도 확보할 수 있습니다. 게다가 언론에 비중 있게 다루어지며, 국가적 긍지로 자리매김할 수 있습니다. 이를 잘 활용한 기업이 아토스(ATOS)인데요. 프랑스에 본사를 둔 유럽 다국적 정보 기술 서비스 및 컨설팅 기업 아토스는 지난 20여 년간 IOC와 파트너십을 맺어 올림픽 후원사로 활동하고 있습니다. 아토스는 올림픽 위원회의 사이버 보안을 책임지고 있으며, 해커나 테러리스트로부터 IOC의 데이터를 보호하고 있습니다. 또한 올림픽 참가 선수들의 각종 정보를 보호하기도 하며, 세계 각국으로 돌아다니며 활동해야 하는 올림픽 관계자들의 정보를 지역과 관계없이 잘 보호하고 있습니다. 아토스는 세계적인 행사의 파트너로서 프랑스의 국가적 유산이 되어 여전히 올림픽을 후원하고 있습니다. 평판의 가시성을 아주 잘 확보하고 있는 셈입니다.

올림픽 후원사의 변화는 기업 평판의 변화와도 밀접한 관계가 있습니다. 예를 들어 코카콜라, 비자, 파나소닉은 평판 좋은 기업으로서 여전히 후원사로 남아 있습니다. 한편 새로운 공유 경제를 맞이하면서 세계 최대 전자상거래 업체 알리바바와 숙박 공유 업체 에어비앤비도 후원사에 가세했습니다. 기업의 가시성은 국제적인 행사의 후원사로 참여할 때 확실하게 확보될 수 있습니다. 그렇다고 해서 가시성을 위해 반드시 올림픽처럼 거창하고 큰 행사의 후원사가 되어야 하는 건 아닙니다. 조그마한 지역 봉사활동의 파트너가 되거나 시민들에게 의미 있는 활동에 동참해도 기업은 가시화됩니다. 중요한 것은 가시성의 규모가 아니라 늘 평판이 보이게 활동해야 한다는 점이죠.

사회적으로 저명한 상을 수상하거나 명망 높은 기업으로 선정되는 것도 기업의 가시성을 높이는 훌륭한 방법입니다. 기업은 아니지만 대표적인 사례가 영화 〈기생충〉입니다. 이 영화는 아카데미상 4관왕을 차지하면서 한국영화의 명성을 가시적으로 높였습니다. 저명한 상을 수상한 기업의 가시성 상승 사례도 많습니다. 국내에서는 'CSV 포터상(Porter Prize for Excellence in CSV)' 수상을 들 수 있는데요. 이 상은 산업정책연구원(IPS, The Institute for Industrial Policy Studies)이 2014년 공유 가치 창출(CSV) 개념의 주창자인 마이클 포터(Michael E. Porter) 교수와 함께 제정한 상입니다. 산업정책연구원은 매년 한국을 기반으로 활동하는 CSV 선도 기업 및 기관을 대상으로 엄정한 평가 모델을 적용합니다. 수상자는 서류 심사-추가 질의-심층 심사를 거쳐 포터 교수의 최종 심사를 통해 선정됩니다. 슈나이더일렉트릭 코리아(Schneider Electric Korea)와 한국이콜랩(ECOLAB)은 CSV 포터상 제정 이래 2019년까지 총 세 번 수상자로 선정되면서 '명예의 전당'에 이름을 올렸습니다. 이렇게 기업이 권위 있는 상을 수상하고, 그 배경이 언론에 보도되는 것은 가시성을 확보하는 좋은 평판관리법입니다. 미국의 〈포천〉이나 〈포브스〉의 기업 순위에 선정되어 보도되는 것처럼 말이죠.

세계적인 화장품 사업가 엘리자베스 아덴(Elizabeth Arden)은 "반복은 평판을 만들고 평판은 고객을 만든다(Repetition makes reputation and reputation makes customers)"고 했습니다. 반복되는 친근함이 기업의 고객을 만들어준다는 뜻입니다. 그래서 기업은 반복적으로 친근하며 긍정적으로 보여야 합니다. 기업이 아무리 숨으려 해도 숨기 어려우니까요. 예전처럼 기업이 숨어서 경영활동만 할 수도 없는 시대이기도 합니다. 차라리 기업이 가시성을 확보하고 이해관계자들에게 좋은 인상을 심어주는 것이 평판에 많은 도움이 됩니다.

금융 기업의 가장 큰 자본은 평판이다

미국에서 기업은 본래 사적 자치의 영역이었으며, 정부도 최소한의 개입을 원칙으로 합니다. 따라서 주주 위주의 경영을 방치해왔죠. 그러다가 기업가의 사회적 책임이 강조되고 기업 윤리가 주창되기 시작하면서 기업들은 정부의 규제에 맞닥뜨리게 되었고, 기업의 사적 문제가 공적 영역으로 흡수되는 변화를 겪습니다. '기업문제'가 '사회문제'로 본격화하면서 마침내 세계적인 에너지 기업 엔론(Enron Corporation)의 대규모 회계 조작 사건으로 법까지 제정되었죠(사밴스-옥슬리법(Sarbanes-Oxley Act), 2002년 7월 제정된 사밴스-옥슬리법은 미국의 상장기업 회계 개혁 및 투자자를 보호하기 위한 법으로 법안을 발의한 폴 사밴스(Paul Sarbanes) 당시 민주당 상원의원과 마이클 옥슬리(Michael G. Oxley) 공화당 하원의원의 이름을 따서 제정됨). 하지만 이미 1980년대 초반부터 기업은 '퍼블릭 어페어즈(Public Affairs)'라고 하여, 정부를 비롯한 이해관계자에 대해 쟁점을 관리하고, 특히 이를 공적(公的)으로 대응 내지 활용하고자 하는 움직임을 계속 보이고 있었습니다. 2003년 퍼블릭 어페어즈 협의회(Public Affairs Council)의 설명에 따르면 "퍼블릭 어페어즈는 조직이 비즈니스 환경을 관찰하고 관리하는 것을 대표한다. 정부와의 관계, 커뮤니케이션 그리고 쟁점 관리와 기업의 시민권 전략을 결합하여 공공 정책에 영향을 미치고, 강력한 평판을 만들어 내고, 이해관계자와 공통된 기반을 발견한다"라고 되어 있습니다(필 해리스(Phil Harris) 외,《퍼블릭 어페어즈 핸드북(Handbook of Public Affairs)》참조).

이러한 활동을 담당하는 기관들은 미국의 정치적 이익단체 및 싱크탱크, 비즈니스 및 전문가 그룹, 지배 구조 평가 기관, 자율 규제 기관, 규제 집행 기관 등이며, 이 기관들은 기업과 정부를 비롯한 이해관계자와의 관계를 향상시키기 위하여 각종 활동을 펼치고 있습니다. 기업은 이해관계자들과의 공적인 관계, 즉 PR(Public Relations)의 개선과 진전을 위해 퍼블릭 어페어즈의 전문가 그룹들과 긴밀하게 협조하고 있습니다. 기업 평판관리도 그 협업 중 하나입니다. 제가 제시한 '피스타치오 프로세스' 가운데 쟁점, 이해관계자, 소통은 퍼블릭 어페어즈의 3대 축이기도 하며, 이해관계자들과 쟁점을 관리하고 지속적으로 소통함으로써 궁극적으로 관계를 개선하고 평판을 유지한다는 데 공통점이 있습니다. 제가 퍼블릭 어페어즈를 강조하는 이유는 최근 국내 산업 중 금융 산업에 대해 두 가지 측면에서 공공성이 무척 강해지고 있기 때문입니다. 첫 번째는 투자하는 입장에서 공공성이 강해지고, 그 투자를 받는 기업들의 평판관리가 중요해지고 있습니다. 대표적인 예로 국민연금기금의 '국민연금기금 수탁자 책임에 관한 원칙(스튜어드십 코드)' 도입을 들 수 있습니다. 이 제도는 선량한 관리자로서 국민연금기금이 투자 기업의 공적 책임, 지배 구조 개선 등을 중점으로 관리하며 의결권을 행사하는 제도입니다. 국민연금기금 수탁자 책임활동에 관한 지침(시행일: 2019. 12. 27) 제13조에 따르면 다음과 같은 사항에 해당될 경우 국민연금기금은 이를 중점 관리합니다.

1. 기업의 배당 정책 수립
   합리적인 배당 정책을 수립하지 않거나 합리적인 배당 정책에 따른 배당을 하지 않을 경우
2. 임원 보수 한도의 적정성

보수 금액, 기업의 경영성과 등과 연계되지 않은 이사 보수 한도를 제안하여 주주 권익을 침해하는 경우

3. 법령상의 위반 우려로 기업 가치를 훼손하거나 주주 권익을 침해할 수 있는 사안
국가 기관의 조사 등 객관적 사실에 근거하여 아래의 경우에 해당할 경우

① 당해 기업과 관련한 횡령, 배임 행위

② 부당하게 특수관계인 또는 다른 기업을 지원하는 행위 (부당 지원 행위)

③ 특수관계인에게 부당한 이익을 귀속시키는 행위(경영진의 사익 편취)

4. 지속적으로 반대의결권을 행사했으나 개선이 없는 사안
기업의 주주총회 안건 중 기금이 지속적으로 반대 의사 표시를 했음에도 불구하고 개선되지 않는 안건의 경우

5. 정기 ESG 평가 결과가 하락한 사안
정기 ESG 평가 결과, 종합 ESG 등급이 2등급 이상 하락하여 C등급 이하에 해당할 경우

위의 사안들을 종합적으로 보면, 중점 관리 대상은 결국 기업

이 범죄를 저지르거나 ESG 등 사회적 책임을 게을리하여 기업에 논쟁적 이슈(controversial issue)가 생기고, 이 때문에 기업 평판이 하락하면서 기업 가치가 동반 하락하여 주주의 권익을 침해하는 경우입니다. 그래서 최초에 스튜어드십 코드가 도입되었을 때 국민연금기금이 '평판이 나쁜 기업'에는 적극적으로 주주권을 행사할 것이라고 예측되었고, 미국 캘리포니아주 공무원연금 캘퍼스(CalPERS)처럼 결국은 '기업의 평판 리스크' 등을 해소하며 엄격한 주주권 행사로 투자 수익률을 높이는 효과가 있을 것이라고 주창되었습니다. 그간 국내에서는 기업의 ESG 투자가 확대되어 왔습니다. 글로벌임팩트투자네트워크(GIN)가 발표한 바에 따르면, 세계적으로도 기업의 사회적 가치를 평가하여 투자하는 임팩트 투자 규모가 2019년에는 약 600조 원까지 예상된다고 합니다. 이렇게 주주의 권익을 보호하기 위한 연금기금들은 기업의 평판과 사회적 가치를 주주권 행사의 중요한 잣대로 보고 있습니다. 앞으로도 이러한 추세는 더욱 강화될 것입니다. 착한 기업이 더 많이 투자받고 신용도도 더욱 높아지는 것이죠.

두 번째는 금융 산업, 특히 은행권의 평판 리스크 강화 추세입니다. 해외에서 은행의 평판 리스크는 2008년 금융위기 이후 부쩍 강화되어 관리되기 시작했습니다. 서병호 한국금융연구원 선임연구위원이 〈금융브리프〉 제 27권 10호(2018. 5. 5.~5. 18)에 게재한 내용을 보면 "영국의 에이온(AoN) 보험사가 전 세계 리스크 관리 담당자들을 대상으로 실시한 '세계 위험관리 설문조사(Global Risk Management Survey)'에서 '평판 및 브랜드 가치의 훼손(damage to reputation/brand)' 항목은 2015년부터 2017년까지 기업의 가장 큰 위험요인으로 꼽혔습니다. 특히 이같은 결과는 은행, 보험사, 금융 투자 기업 등 금융업에서 두드러졌는데요. 이는 거래 상대와의 약속을 전제로 이루어지는 금융 거래의 특성상 '신뢰'가 절대적으로 중요하기 때문이라고 밝혔습니다.

평판 리스크 해소가 가장 중요한 숙제

이러한 금융기관의 평판 리스크에 대한 경각심으로 세계 감독 정책을 제시하는 바젤위원회(Basel Committee on Banking Supervision)도 2009년 '바젤 II 협약'을 보완하기 위하여 만든 사실상 '바젤 III 협약(Enhancement to the Basel II framework)'에 은행의 평판 리스크 관리 항목을 새로 포함시켰습니다. 협약에 따르면 "평판 리스크는 고객, 상대방, 주주, 투자자, 채권자, 시장분석가 혹은 다른 적절한 상대방이나 규제자의 입장에서 부정적인 인식(negative perception)을 야기할 수 있는 리스크다. 은행 경영진은 새로운 시장에 진입할 때 평판 리스크 소스를 확인하기 위하여 적절한 정책을 수립해야 한다"라며 은행에 대한 평판 리스크 관리 의무를 강하게 부과했습니다.

하지만 국내 은행권은 평판 리스크 관리의 필요성에 대한 준비와 인식이 아직 부족해 보입니다. 금융감독원도 은행의 평판 리스크 관리 제도에 대한 객관적인 지표를 세우는 게 아직은 어렵기 때문에 보류했다는 기사도 있었습니다(〈뉴스토마토〉 2019. 4. 29일자, '금감원, 은행 평판 리스크 관리 제도 고심' 참조). 그러나 최근 국내 은행 일부는 여전히 예대마진으로 수익을 높이고 있다는 비난(〈세계일보〉 2019. 7. 29일자, '땅 짚고 헤엄친 4대 금융그룹, 이자 장사로 14조원 벌어' 참조)과 부실한 DLF 상품 판매와 같이 은행 평판을 훼손하는 상황에 직면하고 있습니다. 앞으로 바젤 III 도입까지 불과 2년도 남지 않았는데요. 금융감독 기관과 각 금융지주 기업을 비롯한 은행권은 고객 보호와 시장 안정을 위해 민관 합동으로 조속히 바젤 III 협약의 평판 리스크 도입을 위한 객관적이고 정성적 · 정량적인 지표를 마련하고, 평판 리스크 관리를 위한 제도를 도입하는 것이 시급하다고 봅니다.

이탈리아 의회는 2016년 12월 '은행법'을 개정해 '윤리적이고 지속가능한 금융법'을 입안했고 '윤리은행'을 승인하기 시작했습니다. 대표적인 은행이 '방카에티카(Banca Ethica)'로 일반 은행과 달리 채권이나 주식보다 대출에 돈을 더 쓰며 이자율도 4~5퍼센트로 저렴합니다. 윤리은행은 자사의 투자나 대출이 사회적으로 악영향을 끼치지 않을지 윤리적 기준에 입각하여 재원을 운용합니다. 이탈리아 윤리은행의 총자산이익율(ROA, Return On Assets)은 2012년부터 2017년까지 약 0.5퍼센트로 다른 주요 은행 평균수익률 0.05퍼센트보다 10배나 높습니다.

선한 일을 하는 것과 돈을 버는 것은 별개의 일이 아닙니다. 기업이 선한 일을 하고 신뢰를 쌓으면, 평판이 높아지고 더 많은 충성 고객이 생깁니다. 특히 금융 산업에는 다양한 시장참여자들이 있으며, 그 시장참여자 간의 담보는 바로 '신용과 신뢰'입니다. 반면 그러한 신용과 신뢰가 파괴되면 2008년 금융위기에서 보았듯이 단순히 한 기업이나 산업의 붕괴가 아니라 글로벌 경제 전체가 무너집니다. 앞으로 금융 산업에 대한 공공성은 더욱 강화될 것이며, 고객들은 평판 리스크 해소를 계속 요구할 것입니다. 금융 기업들은 이러한 시대적 요구에 부응하도록 이제부터라도 평판관리를 체계화해야 합니다.

평판의 완성, 사회적 가치

기업의 평판은 기업이 실천하고 있는 사회적 책임활동(CSR)과 밀접한 관련이 있다는 점은 부인할 수 없습니다. 그런데 이제는 단순한 사회적 책임활동에서 전략적 측면이 가미된 SSR(Strategic Social Responsibility)이 강조되면서 '공유 가치 창출(CSV)'로 진화하고 있습니다. 뿐만 아니라 이해관계자들도 기업이 사회 친화적 기업이 되어 사회적 가치를 실천하도록 요구하고 있습니다. 사회적 가치를 몸소 실천하며 전 세계에 전파하고 있는 SK그룹의 최태원 회장이 2018년도 6월경 "사회 친화적 기업은 당장은 손실이 생겨도 긍정적 평판으로 인해 장기적으로는 성장하게 된다"라고 말한 것도 바로 이러한 맥락입니다. 한 걸음 더 나아가 2020년 1월 23일 다보스포럼에서 최태원 회장은 "측정할 수 없으면 개선할 수 없다. 재무제표를 통해 기업의 재무적 성과를 측정하듯, 앞으로는 사회적 가치를 측정하고, 이를 통해 사회적 성과를 키워가야 한다"라고 했고, 2001년 노벨 경제학상 수상자 조지프 스티글리츠(Joseph Stiglitz) 컬럼비아대학교(Columbia University) 교수는 "SK는 기업 정관에 사회적 가치 경영을 반영했는데, 이는 진정성 있는 경영활동"이라고 평가했습니다. 마침내 사회적 가치 측정 모델 개발에 대한 세계적인 논의의 장이 열린 것이죠(〈주간동아〉 1224호 기사 참조).

한편 포스코(POSCO)도 2019년 12월 3일 '기업, 시민이 되다'라는 주제로 기업의 시민의식과 사회적 책임을 강조하는 행사를 개최했습니다. 이날 행사에서는 '동반 성장, 청년 취·창업 지원, 벤처플랫폼 구축, 저출산 해법 롤모델 제시, 바다숲 조성, 글로벌 모범시민 되기와 만들기' 등 6대 기업 시민 대표 사업이 소개되었습니다. 이 자리에는 SK그룹 최태원 회장도 참석하여 다시 한 번 기업의 사회적 가치를 강조하기도 했습니다.

롯데그룹도 2019년 밸류크리에이션 미팅 후 신동빈 회장이 "사회문제를 해결하는 데 함께하고, 또 책임을 지는 것이 기업의 공감"이라고 제시하며 "사회, 소비자, 이해관계자들과 공동의 과제를 공감하는 기업의 상품만이 선택받고 이를 통해 브랜드를 유지하는 시대가 되었다"라고 말했습니다. 이어 "매출 극대화 등 정량적 목표 설정이 그룹 안정성에 위협이 되고 있다"면서 "고객, 임직원, 협력 업체, 사회공동체로부터 우리가 '좋은 일 하는 기업'이라는 공감을 얻어내는 것이 중요하다"라고 말했습니다.

그간 기업은 사회 공헌활동이라는 이름으로 기업의 사회적 책임을 기부형(charity), 자선형(philanthropy)으로 펼쳐오며 매년 한국 기업만 해도 수천 억에서 수백 억을 집행했습니다. 그렇지만 고객을 포함한 이해관계자들은 기업이 기왕 비용을 집행하고 노력을 투입할 거라면, 단지 보여주기식이 아니라 기업의 경쟁 우위를 바탕으로 사회문제를 함께 해결하는 CSV 활동을 바라고 있습니다. 먼저 CSV에 관하여 저의 논문 〈국내 일관 제철 기업의 사회적 책임 진화 모형: CSR에서 CSV로〉에서 공유 가치 창출에 관련된 주요 내용의 원문을 발췌, 직접 인용하여 CSV의 개념을 설명하고, 이어서 CSV를 잘 실천하고 있는 국내외 기업의 사례를 제시하겠습니다.

기업 소유자와 경영자가 일치할 당시에는 경영자이자 소유자에게 특별한 사회적 요구나 윤리적 책임이 요구되지 않았습니다. 따라서 기업은 기업이 원하는 대로 획득한 이윤을 사용할 수 있었고, 그러한 의사결정에 내부 견제나 제재 역시 존재하지 않았습니다.

그러나 주주 위주의 경영에 대한 반성이 시작되면서 미국의 강철왕이라 불리는 사업가 앤드루 카네기(Andrew Carnegie)가 이러한 기업들의 세태를 경고하며 기업의 사회적 책임을 강조합니다. 그는 자신의 저서《부의 복음(The Gospel of Wealth)》에서 기업의 이윤을 기업가 자신을 비롯한 가족만을 위해 사용해서는 안 되며 가난한 사람이나 단체에 환원함으로써 그 이윤을 공유해야 한다고 주장했습니다. 이러한 주장은 사회가 기업가 개인의 사회적 책임을 본격적으로 논의하는 시도였으며, 그 결과 초기 기업의 사회적 책임은 사실상 기업이 아닌 개인, 즉 소유주 혹은 기업가가 수행하여야 할 사회적 책임(Social Responsibility of Businessman)으로 이론화되기 시작했습니다.

1990년대 이후 기업의 사회적 책임과 윤리 경영을 중시하는 개념으로 '지속가능 경영(corporate sustainability management)' 이라는 용어가 등장했습니다. 1980년대 기업들은 기업의 단기 성과와 주주 수익을 중요시하고 그 척도로 재무적 목표 달성을 추구했지만, 1990년대부터는 환경이라는 변수를 고려한 기업의 책임이 강조되면서 기업의 수익과 환경 유지의 조화, 이해관계자의 이익과 환경보호라는 공동 목표를 추구하는 '환경 경영(environmental management)'이 강하게 대두되기 시작했습니다. 그이후 환경 경영의 개념은 더욱 발전하여 오늘날에 와서는 기업의 재무적 성과를 기반으로 한 사회적 책임을 강조하는 지속가능 경영으로 정착되었습니다. 즉 지속가능 경영이 기업의 궁극적 목표이자 경영 전략이 되었고, 기업의 지속가능 경영 프로그램의 실행 여부 혹은 그 질과 양이 역으로 기업의 지속가능성을 판단하는 가늠자가 된 것입니다.

그 후, 사회적 책임활동은 수익활동과는 별개의 책임을 기업에 부담하게 한다는 시각에 따라, 기업이 사회적 가치를 실현하면서 이러한 사회적 책임활동이 동시에 기업의 경제적 가치로 연결되기 위한 개념이 필요했습니다. 그러한 개념이 바로 기업의 '공유 가치 창출'이었습니다. 공유 가치 창출은 마이클 포터와 마크 크레이머(Mark R. Kramer)가 〈하버드 비즈니스 리뷰(Harvard Business Review)〉에 발표한 〈전략과 사회: 경쟁 우위와 CSR 간의 연결〉에서 소개한 용어로, 이후 2011년부터 발전된 개념입니다.

마이클 포터와 마크 크레이머는 사업과 사회를 분리하여 사회적 책임활동을 하는 경우, 실제적인 좋은 사업 기회와 가능성을 놓칠 수 있으므로 '공유 가치'를 목표로 기업의 의사결정이 이루어져야 하며, 궁극적으로 기업과 사회가 상호 보완적이어야 한다고 주장했습니다. 마이클 포터와 마크 크레이머가 CSR과 CSV를 구분하고 사회적 가치 창출을 강조하면서도 기업의 이익을 소홀히 하지 않은 이유는 사회적 책임활동과 기업의 경제적 가치를 조화시키기 위한 이론적 노력으로 보입니다. 기업의 공유 가치 창출은 기업의 사회적 책임활동과는 다르게 경영활동을 통해 이익과 같은 가치 창출을 증대시켜, 사회문제와 기업의 경영활동 목표를 일치시킨다는 특성을 나타냅니다. 즉 공유 가치 창출은 기업이 역량을 발휘하여 사회문제를 적극적으로 해결함에 따라 경제적·사회적 가치의 총합을 실현한다는 논리입니다.

공유 가치 창출은 단순한 사회 공헌활동을 넘어서서 기업의 이윤 추구와 사회적 가치 실현이라는 두 가지 목표를 기업이 주체적으로 달성할 수 있는 기업 경영 전략입니다. 특히 기업의 본업과 기업을 둘러싼 이해관계자들 간에 긴밀한 연관성을 가질 때 그 효과가 높습니다. 에이미 에드먼슨과 케임(Keim)에 의하면 기업이 이해관계자와 직접 연결되지 않은 사회적 이슈에 참여하는 것은 기업의 주주 가치를 창출하는 데 오히려 역효과를 가진다고 합니다. 예를 들어 기업이 자사의 본업과 무관하게 핵에너지를 회피한다든지 인권을 위반하는 국가와는 비즈니스를 안 한다든지 하는 경우입니다. 따라서 기업의 사회문제 참여는 자사의 본업과 유관하며, 자사의 각종 자원을 효율적으로 사용할 때 가장 효과적입니다. 이런 맥락에서 탁월한 CSV 사례를 소개하려 합니다.

한화그룹의 CSV

한화그룹의 CSV 중에서는 두 가지 프로젝트에 주목할 만합니다. 먼저 '태양의 숲' 캠페인입니다. 한화는 2011년 이후 현재까지 몽골, 중국, 한국에 축구장 180여 개에 해당하는 부지(133만 제곱미터)에 약 50만 그루의 나무를 심어 숲을 조성했습니다. 사실 사회 공헌 차원에서 숲을 조성하는 기업은 한화 외에도 많습니다. 그런데 그중에서도 한화의 '태양의 숲' 캠페인이 특별히 눈길을 끈 이유는 숲 조성이 캠페인의 목표가 아니라, '기후변화 대응'과 '지상 생태계 보호'라는 공공의 사회적·환경적 문제 해결에 자사의 사업과 기술력을 활용해 근본적인 솔루션을 찾고자 했기 때문입니다.

한화가 주목한 것은 기후변화를 막기 위해 숲을 조성하는 과정에서도 인류가 탄소를 발생시킨다는 점이었습니다. 숲을 조성하기 위한 묘목을 키워내려면 묘목장의 온도와 습도 유지, 관수(灌水) 시스템 등에 전기가 필요하며, 이 전기의 대부분은 화석연료로 충당됩니다. 이에 한화는 2012년 중국 닝샤 자치구에 마련된 사막화 방지를 위한 묘목장에 80킬로와트 규모의 태양광발전 시설을 기증하여 묘목을 키우는 단계에서부터 탄소가 배출되지 않도록 했습니다. 이 사례는 친환경 에너지인 태양광을 활용해 사막화 방지 활동을 한 세계 최초의 기업 사례로, UN사막화방지협약(UNCCD) 총회에서도 모범 사례로 소개되었습니다. 중국 닝샤자치구는 현재 태양광 묘목장에서 길러낸 나무들로 사막화 방지 숲을 조성하고 있으며, 이렇게 조성된 숲은 이산화탄소 흡수를 통한 기후변화 대응 효과 외에도 수질과 대기 정화, 해충 방제, 토사 유출 방지, 지역민 수익 창출 등 환경적·사회적·경제적 가치를 창출하고 있습니다.

이 프로젝트는 진행 과정에서 게임앱, 영상, 댓글 등 다양한 방식으로 소비자의 환경에 대한 관심과 참여를 이끌어낸 점과

트리플래닛(TreePlanet)이라는 사회적 기업과의 10년 이상 장기적 파트너십, 지방정부-대기업-사회적 기업-소비자가 함께 숲을 조성하는 협업 구조를 이끌어냈다는 점에서도 큰 의의를 찾을 수 있습니다.

한화가 자사의 기술력을 CSV에 활용한 또 다른 대표 사례는 2019년 베트남에서 진행한 '클린업 메콩' 캠페인입니다. 한화는 해외 전략 시장 중 하나인 베트남에서 현지 지역 사회가 당면한 문제인 기후변화와 수상 쓰레기 문제 해결에 도움을 주기 위해 태양광을 동력으로 사용하는 수상 쓰레기 수거 보트를 메콩강 하류, 빈롱 지역에 기증했습니다. 메콩강은 아시아 6개국을 거쳐 흐르며 지역 주민들의 삶에 큰 영향을 미치는 젖줄 역할을 하고 있지만, 기후변화로 인한 홍수 문제와 플라스틱 등 수상 부유 쓰레기 문제가 심각한 상황이었습니다. 베트남 빈롱 지역은 메콩강이 바다로 연결되는 지점으로 수상 쓰레기가 바다로 흘러가 더 큰 환경문제를 유발하기 전에 이를 막을 수 있는 최후의 보루와도 같은 지역입니다. 한화는 과거 쓰레기 수거 보트의 문제점이었던 화석(디젤) 연료 사용으로 인한 매연과 수질 오염, 소음 등의 문제를 친환경적으로 해결하기 위해 빈롱 지역에 태양광을 동력으로 움직이는 보트를 기증했고, 이 보트는 지금도 하루에 400~500킬로그램의 수상 쓰레기를 수거하고 있습니다.

동시에 한화는 그간 정부 주도의 캠페인에서 흔히 사용된 교육과 계몽 형식 대신, SNS와 유튜브 영상 캠페인을 통해 베트남 시민들이 좀 더 쉽고 재미있게 환경문제를 접할 수 있게 했습니다. 클린업 메콩 캠페인은 베트남뿐 아니라 유튜브상에서 1,300만 회 이상의 영상 조회를 기록하며 전 세계적으로 큰 반향을 불러일으켰습니다. 이 프로젝트는 베트남 천연자원환경부와 빈롱 지방 정부, 글로벌녹색성장기구(GGGI, Global Green Growth Institute) 등과 함께 민-관-국제기구-시민사회가 함께 지역사회의 당면 문제를 해결하기 위해 협업한 사례로, 기업이 사회문제를 해결하기 위해 자사의 기술력을 활용하면서 시장 내 기업 평판을 구축한 사례라 할 것입니다.

현대자동차그룹의 CSV

현대자동차그룹은 이미 품질 경영으로 평판이 높습니다. 1998년 8월 현대자동차는 미국에서 '10년간 10만 마일 무상 보증' 캠페인을 펼쳤고, 이 캠페인은 현대자동차의 평판과 브랜드파워를 도약시켰습니다. 이러한 품질 경영은 정몽구 회장의 품질에 대한 열정으로 가능했습니다. 2002년 정몽구 회장이 기아자동차 오피러스 수출 차량을 손수 운전하다가 잡음이 나자, 40일 정도 선적을 중단시키고 엔진 잡음을 줄이며 품질을 개선한 것은 유명한 사례입니다. 이렇게 현대자동차그룹은 품질 경영을 실천했고, 그 품질 경영은 결국 안전하고 성능 좋은 자동차를 고객들에게 제공하는 CSV로 이어졌습니다. 이런 노력의 결과 현대자동차는 2006년 자동차 아카데미상이라고 불리는 'JD파워' 신차 품질조사(IQS, Initial Quality Study)에서 일반 브랜드 부분 1위를 차지했습니다. 한편 2020년에는 JD파워의 차량 내구 품질조사(VDS, Vehicle Dependability Study)에서 제네시스가 미국 시장에 출시된 지 4년여 만에 압도적 1위에 등극하기도 했습니다.

이제 세계 자동차 업계는 CASE(Connected(커넥트), Autonomous(자율주행), Shared(공유), Electric(전기차)) 시대를 맞이하고 있습니다. 현대자동차그룹 정의선 수석부회장은 "새로운 게임의 룰이 형성되고 있다"며 "현대자동차그룹은 글로벌 전동화 시장을 선도하는 기업이 될 것"이라고 선언했습니다. 그 선언에 걸맞게 현대자동차그룹은 글로벌 전기차 시장점유율 7위에서 3위로 급상승하며 변화하는 세계 자동차 시장에서 테슬라 등과 함께 선두 그룹을 형성했습니다. 현대자동차그룹은 2019년 10월, 2025년까지 미래차 분야에 총 41조 원을 투자하겠다고 발표했고, 2025년까지 23종의 순수 전기차를 출시할 계획이며, 전기차 전용 플랫폼도 개발 중이라고 발표했습니다. 현대자동차그룹은 하이브리드카, 전기차, 수소전기차 등 모든 전동화 모델을 내놓을 계획이라고 밝히며 기술 우위를 확장해가고 있습니다.

현대자동차 넥소(NEXO)는 수소전기차(Fuel-Cell Electric Vehicle)이며, 기아자동차의 니로(NIRO)는 전기차(Battery Electric Vehicle)입니다. 수소전기차는 간단히 말해 수소를 전기로 바꾸어 연료로 사용하며, 전기차는 배터리에 저장한 전기를 연료로 씁니다. 현대자동차그룹은 수소전기차와 전기차 양 라인업을 통해 세계 친환경차 시장에서 선전하고 있으며, 주행 효율은 오히려 일본 차를 앞지르고 있습니다.

그렇다면 친환경차가 어떻게 CSV가 될까요? 우선 기업의 가장 좋은 CSV는 기업의 본업과 관련된 사회문제를 해결하는 것입니다. 주류 산업의 경우라면 음주운전을 예방하고, 식품 산업의 경우라면 고객의 건강을 유지해주듯이, 자동차 산업의 경우는 자동차 주행 시 배출되는 배출가스를 감소시키는 것이 대표적인 CSV입니다. 한 예로 현대자동차그룹의 수소전기차는 '달리는 공기청정기'라고 불릴 만큼 주행 중에 필터로 공기를 걸러 청정화시킵니다. 현대자동차그룹의 전기차와 수소전기차는 가솔린 엔진을 대체할 만큼 주행 효율은 점차 높히고, 유해한 배출가스를 방지하며, 대기 공해를 감소시키는 CSV를 실천하고 있습니다. 수소 분야 글로벌 최고경영자협의체 수소위원회 (Hydrogen Council) 공동 회장을 맡은 정의선 현대자동차그룹 수석부회장은 글로벌 시민을 위한 선의(善意)를 바탕으로 수소 경제하에서 친환경 미래차 개발을 위해 솔선수범하고 있습니다.

현대자동차그룹에 있어 자동차 산업은 더 이상 제조업이 아닙니다. M. A. A. S(Mobility As A Service)라고 하여 이제는 자동차 산업을 서비스 산업으로 재정의하고 있죠. 2020년 미국 라스베이거스에서 열린 소비자 전자제품 박람회(CES, Consumer Electronics Show)에서 현대자동차는 신개념 모빌리티 솔루션 세 가지를 소개했습니다. 첫째 도심 항공 모빌리티(UAM, Urban Air Mobility), 둘째 목적 기반 모빌리티(PBV, Purpose Bulit Vehicle), 셋째 모빌리티 환승 거점(Hub)이 그 솔루션들이며, 이는 미래의 고객들이 시공간에 구애받지 않고 자유로이 활동할 수 있도록 하여 사회적으로 더욱 많은 공유 가치를 창출할 수 있는 기반들입니다. UAM은 개인용 비행체(PAV, Personal Air Vehicle)와 도심 항공 모빌리티 서비스를 결합시켜 대도시 교통 혼잡을 스스로 해결하는 혁신적인 CSV입니다. 한편 PBV는 지상에서 탑승자가 목적지까지 도달하는 동안 필요한 각종 편의 서비스를 제공하는 솔루션입니다. 이렇게 공중과 지상이 만나는 휴먼 커뮤니티가 바로 모빌리티 환승 거점입니다.

기아자동차는 2019년 CES에서 운전자의 감정 상황과 생체 상태에 차량 내 공간 창출을 최적화하여 지원하는 '실시간 감정 반응 차량 제어(READ, Real-time Emotion Adaptive Driving)' 시스템을 세계 최초로 공개했습니다. 이는 이미 대세가 된 자율주행 시대에 인간이 중심이 되는 '감성 주행(emotive driving)'의 모델을 제시한 것입니다. 기아자동차는 MIT 미디어랩(MIT Media Labs)과 협업하여 그간 안전에만 중점을 두었던 생체 정보 인식 기술을 발전시켜, 실시간 고객의 감정에 가장 적합한 차량 환경을 제공하는 시스템 READ를 개발했습니다.

자동차 승객들은 수많은 감정 소모, 관계 갈등, 대량 소음에 노출되어 하루 종일 생활합니다. 그 승객들이 기아자동차에 탑승하는 순간, 감정이 안정되고 휴식을 취하게 되는 것은 사회 구성원으로서의 고객들 간 갈등 관리나 관계 개선에 무척 도움이 되는 CSV입니다. 또한 감정 기복으로 인한 난폭 운전이나 보복 운전을 방지하여 교통사고를 예방하는 큰 사회적 효과가 있습니다. 기아자동차는 2020년 1월 14일 CEO 인베스터 데이(Investor Day)를 개최하고 중장기 미래 전략 '플랜S(Plan S)'를 발표했습니다. 플랜S의 'S'는 전환(shift)을 의미하며, 기존 내연 기관 차량에서 선도적인 전기차 체제로 방향을 전환하는, 다시 말해 모빌리티 솔루션을 혁신적으로 고객에게 제공하는 전략을 의미합니다. 기아자동차는 친환경차인 전기차 생산과 함께 고객의 감성을 파악하여 이를 최적화하여 차량 내 행복감을 제공하는 '감성 주행'으로 CSV를 펼치고 있습니다.

CSV는 이해관계자 간에 공유 가치를 창출하는 것입니다. 따라서 기업의 중요한 이해관계자, 즉 직원들과의 소통 정도, 내부 고객의 만족도는 무척 중요한 CSV 지표입니다. 그런 면에서 정의선 현대자동차그룹 수석부회장이 '수평적 조직 문화 만들기'에 솔선수범하는 것은 내부 평판을 올리는 데 큰 역할을 합니다. 정의선 수석부회장은 '타운홀 미팅'이라는 이름으로 직원들과 소탈하게 소통하고 셀카도 찍습니다. 직원들은 정의선 수석부회장을 수석부회장의 준말인 '수부'라고 부르며 대화하죠. 정의선 수석부회장은 업무할 때 '효율성'을 가장 중요하게 생각하고, '휴먼(human)'을 중시하는 모빌리티에 대해 쉽게 설명하면서 직원들과 그 가치를 공유하고 있습니다.

현대자동차그룹이 앞으로도 안팎의 이해관계자를 위해, 그리고 여러 사회문제를 해결하면서 CSV와 서비스가 결합된 혁신적 모빌리티를 제공할 수 있기를 기대해봅니다.

CVS의 CSV

미국의 대표적인 드럭스토어 CVS는 미국 로드아일랜드에 본사를 둔 편의점으로 주로 제약품을 판매합니다. 시민들의 건강을 위해 약품을 판매하는 동시에 건강을 해치는 담배도 팔았죠. CVS는 이 문제에 대해 2012년 9월 PR컨설팅 회사 에델만(Edelman)에 컨설팅을 의뢰했습니다. 2014년 에델만의 컨설팅에 따라 CVS는 20억 달러의 손실을 감수하면서까지 담배 판매를 중단했으며, 전자담배 역시 판매하지 않겠다고 발표했습니다. 이 담배 판매 중단에 대해 버락 오바마(Burak Obama) 대통령은 "기업이 모범 사례를 보여준 것"이라며 "이번 조치는 담배와 관련된 사망이나 질병을 줄일 것"이라고 극찬했습니다. 그의 부인 미셸 오바마(Michelle Obama)도 기업에 긍정적인 메시지를 트위팅했죠.

그런데 놀라운 점은 CVS라는 한 소매 업체의 담배 판매 중단 조치가 전국적으로 담배 구매 인구를 감소시켰다는 점입니다. CVS건강연구소(CVS Health Research Institute)에 따르면, CVS가 담배 판매를 중단하자 CVS에서만 담배를 구매했던 사람들의 38퍼센트가 담배를 아예 다른 곳에서도 구매하지 않을 가능성이 더 높은 것으로 조사되었습니다. 더욱이 CVS 외에서도 담배 구매 인구가 감소한 것으로 조사되었습니다. 이러한 CVS의 조치야말로 사회적으로 공유 가치를 창출한 대표적인 사례입니다. CVS는 담배 판매를 중단했지만, 시민들의 건강을 우선하는 드럭스토어로서 CVS의 이미지는 더욱 좋아졌습니다. 또한 담배 판매를 중단했음에도 불구하고 CVS는 미뉴트클리닉(MinuteClinic) 브랜드로 전국에 1,100여 곳에 클리닉을 열었고, 헬스허브(HealthHUB)라는 새로운 콘셉트의 스토어를 열었으며, 에트나(Aetna) 보험사를 인수하는 등 건강 기업으로서 더욱 일관성을 가지고 승승장구하고 있습니다.

CSV는 기업의 본질적인 경영활동 목표와 사회적 가치 창출이 일치해야 합니다. 단순한 기부·공헌활동이 아니라 실질적으로 기업이 사회문제를 해결하면서, 기업 역시 이러한 해결활동을 비즈니스 모델로 삼아 수익을 내야 하는 것이죠. 그런 측면에서 본다면 태양광 사업을 주력으로 하는 한화가 국내외에서 펼치고 있는 공유 가치 창출활동, 기술적 우위를 바탕으로 친환경과 감성 주행을 모토로 사회문제 해결을 선도하고 있는 현대자동차그룹의 공유 가치 창출활동 그리고 약품 판매로 시민들의 건강을 책임지는 CVS가 담배 판매를 중단하여 흡연 인구를 감소시킨 공유 가치 창출활동은 모두 CSV의 훌륭한 사례이자, 기업 평판을 높이는 획기적인 행보라고 할 수 있습니다.

전국경제인연합회 자료에 따르면 최근 5년간 기업의 사회공헌 지출 규모는 2014년도 2조 6,708억(231개사), 2015년도 2조 9,020억(255개사), 2016년도 2조 948억(196사), 2017년도 2조 7,244억(198사), 2018년도 2조 6,601억(206사)으로 매년 평균 2조 5,000억을 넘는 비용이 지출되고 있습니다. 이렇게 수조 원의 돈을 쓰는 기업들이 행하는 CSV는 기업의 사회적 책임을 수행할 뿐 아니라 기업 평판에도 지대한 영향을 미치는 만큼, 향후 큰 규모의 CSV 활동을 펼치고 있는 기업은 평판관리팀(Reputation Management Team)을 신설하여 CSV를 전략적으로 활용해야 합니다.

국가도 평판이 있다

국가 평판을 측정하는 대표적인 기관은 에델만 컨설팅입니다. 에델만 컨설팅은 미국 뉴욕에 본사를 두고, 세계 24개국에 56개의 현지 법인, 60여 개의 제휴사와 협업하고 있는 세계 1위 PR 기업입니다. 에델만은 평판의 다른 앵글로 '신뢰(trust)'를 중시합니다(에델만에 따르면 평판이 현재까지 축적된 호의라면, 신뢰는 미래지향적이며 향후 관계에 대해 예측 지표가 됩니다). 에델만의 신뢰에 대한 신조(credo)에는 "우리는 모든 기관(기업, 정부, NGO, 미디어)이 그들의 이해관계자들과 관계를 맺는 데 있어 신뢰는 궁극적인 통화(ultimate currency)라고 믿습니다. 신뢰는 조직이 운영하고 선도하고 성공하는 면허(license)라고 정의합니다. 신뢰는 조직이 책임질 리스크를 감수하고, 만약 실수했다면 그 실수에서 회복하게 하는 기반입니다. 특히 비즈니스를 위해서는 지속적인 신뢰가 경쟁적 혼란에 대한 가장 강력한 보험이며, 대중의 무관심에 대한 해소책이자, 지속적인 성장으로 가는 최고의 경로입니다. 신뢰가 없으면 신용은 사라지며, 비즈니스나 조직은 위험에 빠질 것입니다"라고 쓰여 있습니다.

에델만은 각 국가나 기업 등이 '신뢰'라는 자산을 어떻게 관리할지 컨설팅을 제공하며, 이를 위해 분석적인 툴을 사용합니다. 그 분석 툴이란 'ENTS(Edelman Net Trust Score)'라고 하는 신뢰 측정 지표로서 기관의 네 가지 측면 1) 능력, 전문성(ability) 2) 진정성, 충실성(integrity) 3) 신의, 의존도(dependability) 4) 목적 의식(purpose)을 측정하는 것입니다. 국가와 기업 등이 능력 있고, 진정성이 있으며, 신의가 있고, 목적의식이 있을 때 국가와 이해관계자들로부터 강한 신뢰를 얻을 수 있다는 것이죠.

레이첼 보츠먼(Rachel Botsman)이 쓴 《신뢰 이동(Who Can You Trust?)》에는 다음과 같은 이야기가 나옵니다.

"신뢰성에는 '그래도 그 사람, 눈이 착해 보였는데'라거나 '그 여자는 그 일에 잘 어울렸어요'라는 말 이상의 단순한 공식이 있다. 부동산 중개업자를 구하든 변호사를 구하든 베이비시터를 구하든 신뢰성의 세 가지 특징은 동일하다. 능력 있는 사람인가? 믿을 만한 사람인가? 정직한 사람인가?(A Question of Trust, Reith Lectures 2002, BBC Radio 4).

능력은 어떤 사람이 어떤 일을 얼마나 잘할 수 있는가를 의미한다. 그 사람이 어떤 역할이나 작업을 하기 위한, 이를테면 내 머리카락을 자르든 내 아이를 돌보든 내가 탄 비행기를 우즈베키스탄까지 조종하든 그 일에 맞는 기술과 지식과 경험을 갖추었는가? 신뢰는 상대가 내게 해주기로 한 일을 일관되게 해줄 것임을 의미한다. 궁극적으로 '이 사람에게 의지할 수 있을까'를 판단할 수 있게 해준다. 이 사람이 과연 끝까지 해낼 수 있을까? 정직에서는 진실성과 의도가 중요하다. '상대가 내게 보내는 관심과 동기는 무엇일까?' 기본적으로 상대의 의도가 내 의도와 일치하느냐 하는 문제다. 상대가 거짓을 말하거나 진실을 말해서 무엇을 얻을 수 있을까?"

이렇게 책에서 설명한 신뢰의 3대 요소 능력, 신뢰, 정직은 ENTS의 능력, 진정성, 신의와 유사합니다. 신뢰와 정직은 찰스 폼브런 교수도 똑같이 강조했습니다. 폼브런 교수는 자신의 저서 《명성을 얻어야 부가 따른다》에서 "기업의 신뢰성에 대한 인식은 평판관리와 깊은 관련이 있다. 의혹을 불러일으키지 않으려면 기업은 이해관계자들과의 상호작용에서 절대 정직성을 고수해야 한다. 그렇지 않으면 이해관계자들 가운데 한 명만 불신하게 되어도 그는 다른 이해관계자들과 커뮤니케이션하게 될 것이고, 그들 모두 기업에 대해 느끼는 지지도는 떨어지고 말 것이다"라며 정직성을 강조했습니다.

에델만은 2001년부터 신뢰에 초점을 두고 위의 네 가지 지표를 바탕으로 '에델만 트러스트 바로미터(Edelman Trust Barometer)'라는 툴로 세계 각국의 정부, 기업, NGO, 미디어의 신뢰도를 측정해왔습니다. 이 바로미터는 매년 주제를 달리하며 지금까지 20년간 지속되고 있습니다. 2009년 바로미터의 주제는 '비즈니스에서 신뢰가 추락하다(Trust in Business Plummets)'였고 이 바로미터의 결과는 2009년 6월 세계적인 컨설팅사 맥킨지앤드컴퍼니(McKinsey & Company)에서 실라 보니니(Sheila Bonini) 등이 작성한 〈맥킨지 쿼털리(Mckinsey Quarterly)〉 기사 '기업 평판 재건(Rebuilding corporate reputation)'에 인용되며 기업 평판이 다시 관리되어야 함을 강조하는 근거가 되기도 했습니다.

2020년에 에델만은 전 세계 18세 이상 성인을 국가별로 1,150

명 이상을 조사했습니다. 2020년의 주제는 '신뢰: 역량과 윤리(Trust: Competence and Ethics)이며 주요 조사 내용은 '불평등(inequity), 미래 일자리에 대한 불안감(worry about the future of work), 미래 기술의 통제 불가능성(worry about technology is out of control)' 등이었습니다. 그 조사를 바탕으로 에델만 컨설팅은 미래를 위해 각국의 정부, 미디어, 기업, NGO 등을 향해 공정한 임금을 지급하고, 교육과 재훈련에 중점을 두며, 모든 이해관계자를 포용하고, 기관 간의 파트너링을 권고하고 있습니다. 즉 위 4개 기관이 역량을 강화하고 윤리의식을 함께 갖추어 미래의 신뢰를 구축하길 각국에 권유하고 있는 것이죠.

2020년 한국을 대상으로 하는 바로미터 조사도 이루어졌습니다. 한국인(표본 대상)에게 미래 일자리에 대한 우려를 물은 결과 한국 내 직장인의 무려 87퍼센트가 경기 후퇴, 자동화, 긱 이코노미(Gig Economy), 비용경쟁력이 있는 해외 경쟁자, 기술 부족, 저임금 노동자, 타 국가로의 일자리 이동 등을 이유로 일자리에 우려를 가지고 있다고 조사되었습니다. 또한 통제되지 않는 기술들에 대해서는 무려 79퍼센트가 기술 진전 속도가 무척 빠르다고 답했고, 정부가 규제할 만큼 신규 기술들을 충분히 이해하지 못하고 있다는 우려도 64퍼센트에 달했습니다. 또한 본인이 사용하는 미디어의 정보가 오염되어 있다는 의견이 66퍼센트에 이르렀고, 가짜 정보가 무기로 사용될까 우려된다는 비율도 80퍼센트에 육박했습니다.

이러한 의견을 바탕으로 보면, 미래에 대한 불안, 특히 자신의 미래 일자리 상실에 대한 우려는 거의 10명 중 9명이라 볼 수 있고, 통제되지 않는 기술이나 정보에 대한 불안감도 한국인 조사 대상의 3분의 1 이상이 그렇게 느끼고 있다는 결과가 도출됩니다.

한편 한국 사회의 리더들이 현재 한국의 여러 도전적 이슈에 대해 성공적으로 해법을 제시할 수 있을지 자신하지 못하겠다고 대답한 비율도 66퍼센트에 이릅니다. 또한 조사 결과 한국의 언론은 글로벌 기준보다 더욱 비윤리적이라고 조사되었으며, 기업은 글로벌 기준에 비하여 역량은 높지만, 비윤리성도 강하다고 보았습니다. 즉 리더의 사회적 이슈에 대한 대응 능력에 대해 조사 대상 3명 중 2명은 불신하고 있었고, 기업에 대한 불신 역시 글로벌 기준보다 더 높았습니다.

기업으로 국한해 보아도 기업의 이해관계자들 가운데 주주가 중요하다고 생각하는 조사 대상은 8퍼센트에 불과했고, 고객이 중요하다고 생각하는 비율이 53퍼센트, 직원이 중요하다고 생각하는 비율이 29퍼센트, 지역사회가 중요하다고 생각하는 비율이 11퍼센트로 주주의 중요성이 가장 낮은 비중을 차지했습니다. 또한 기업은 수익도 내고 자사가 기업을 운영하고 있는 지역의 환경 여건 등도 개선할 수 있다고 생각하는 조사 대상도 72퍼센트에 달했습니다. 또한 자기 기업의 CEO가 미래의 직업을 위한 훈련, 자동화가 직업에 미치는 영향, 기술의 윤리적 사용, 다양성, 소득 불평등, 기후변화, 이민 문제 등에 대해 목소리를 내야 한다고 생각하는 비율이 93퍼센트에 달했고, CEO가 정부의 관여 전에 변화를 선도해야 한다고 생각하는 비율이 82퍼센트에 달했습니다. 한국인들은 기업과 CEO에게 사회적 가치의 강력한 실천과 이해관계자 보호를 요구하고 있는 것입니다. 결론적으로 한국은 정부 등이 미래에 대한 불안을 해소하는 것이 급선무이고, 특히 CEO와 기업에 대한 '신뢰 관리(trust management)'는 다른 어떤 나라보다 매우 필요한 상황임을 이 조사는 보여주고 있습니다.

위와 같은 측정 결과와 키 파인딩(key findings)을 바탕으로 전체 이해관계자 생태계에서 국가와 기업 등이 신뢰 자산을 미래지향적 전략의 기반으로 활용할 수 있도록 지원하는 컨설팅 시스템이 '에델만 신뢰 관리 컨설팅(ETM, Edelman Trust

Management)'입니다. ETM은 기업이 체계적으로 신뢰를 상승시키도록 다음과 같이 8가지 요소를 지원하고 있습니다. 1) 제품과 서비스의 품질 2) 혁신성 3) 리더십 4) 투명성 5) 재무성과 6) 소셜임팩트 7) 선제 조치 8) 준법성이 그것입니다. 투명성이란 기업이 이해관계자들에게 재무성과, 지배 구조를 비롯하여 무엇이든 그들이 알고자 하는 정보에 용이하게 접근하도록 하는 것을 말합니다.

영국의 사상가 새뮤얼 버틀러(Samuel Butler)는 "사람에게 일어날 수 있는 최악의 일은 돈을 잃고, 다음으로 최악은 건강을, 다음으로 최악은 평판을 잃는 것"이라며, 돈이나 건강보다 평판을 잃는 것이 최악임을 강조했습니다. 이는 기업을 비롯하여 정부나 국가도 마찬가지입니다. 글로벌 환경에서 신뢰 관리는 단순히 한 기업에 국한되지 않습니다. 정부, 미디어, NGO 등 모두가 대상이며 각자의 신뢰도가 함께 상승되어야 국가 평판도 동반 상승합니다. 국가도 평판이 있습니다. 그리고 국가도 평판을 관리해야 합니다.

에델만은 2020년 5월에 코로나 사태 이후 '에델만 트러스트 바로미터'를 업데이트 했습니다. 동 조사에 따르면, 2020년 1월 조사 때 정부에 대한 신뢰도는 각국 평균 54포인트였으나 5월 조사에서는 65포인트를 기록하여 지난 20년간 조사 이후 정부 신뢰도가 가장 높은 수치를 기록했습니다. 이는 각국 정부의 적극적인 코로나 방어 조치가 국민들에게 높은 신뢰를 제공한 결과이며, 정부의 역할이 얼마나 중요한지 국민들이 체감한 결과입니다.

하지만 각국 정부의 신뢰지수가 모두 높은 것은 아닙니다. 예를 들면 미국은 48포인트, 일본은 38포인트로 국민들이 정부를 신뢰하지 않았으며, 특히 일본의 경우 코로나 사태 이후 오히려 정부신뢰지수가 5포인트 떨어진 수치입니다. 반면 한국 정부는 코로나 이전 51포인트였던 신뢰지수가 67포인트로 16포인트나 급상승하여 글로벌 11개국(한국, 미국, 캐나다, 영국, 독일, 프랑스, 일본, 중국, 인도, 사우디아라비아, 멕시코) 평균 65포인트보다 높았습니다. 또한 각국 정부가 가장 가난한 지역에서조차 의학적 제품 공급과 양질의 치료를 얼마나 제공하는지에 대해서도 조사했는데, 한국 정부는 글로벌 11개국의 평균치 42포인트보다 월등히 높은 52포인트를 기록하여 구체적인 실행 측면에서도 높은 정부 신뢰도를 차지했습니다. 결국 코로나 사태에 대한 대응력 측면에서 보면 전 세계적으로 한국 정부의 평판은 매우 높다고 볼 수 있습니다.

한편 코로나 사태에 관한 가짜뉴스에 대한 우려는 중국을 포함해 글로벌 11개국 평균이 67포인트로 전 세계 국민 3분의 2가 심각한 반응을 보인 반면, 한국은 코로나에 대한 신뢰할 만한 뉴스를 찾는 것이 어려웠다는 평가가 40포인트에 불과해 캐나다(39포인트) 다음으로 코로나에 대한 정확한 정보 접근이 어렵지 않았음을 보여주었습니다. 이렇듯 한국 언론과 정부에 대한 높은 신뢰도는 코로나 사태에 훌륭히 대응한 한국의 국격과 국가 평판을 그대로 입증하고 있습니다. 이러한 한국의 높은 국가 평판이 앞으로도 더욱 강화되기를 기원합니다.

포스트 코로나와
평판 경제

코로나는 세계 경제 시계를 한동안 멈출 수 있습니다. 어쩌면 대공황 이후 한 번도 뒤로 돌아간 적 없던 경제 시계를 되돌릴 수도 있습니다. 많은 사람이 실직하고, 많은 기업이 문을 닫을 수 있습니다. 개인이 실직하고 기업이 문을 닫으면 세금으로 운영되는 정부도 결국 크기를 줄여야 합니다. 이렇게 생태계 전반에 걸쳐 경제 악순환이 시작되는 중요한 시점에 우리는 와 있습니다. 관광, 서비스, 교육 산업 등이 이미 1차 직격탄을 맞았고, 제조업이 2차 직격탄을 맞고 있으며, 결국은 정부가 당분간 뒷감당을 해야 할 것입니다.

인류는 이번 전염병으로 기술적 무기력함과 인간으로서의 한계를 절감했습니다. 2019년까지만 해도 4차 산업혁명을 자신 있게 외치던 인류가 전염병 예방을 위해 찾아낸 의학적 해결법은 (감염의 원인이 공간적 근접성에서 오는 바이러스이다 보니) 커뮤니케이션 용어였던 데이비드 홀(David Hall)의 사회적 거리(social distance)였습니다. 즉 포스트 코로나로 최대한 서로 대면을 피하는 쪽으로 경제가 구동될 것이라고 전망하며 4차 산업혁명에서 축적된 온라인 언택트 기술을 해법으로 제시하고 있습니다.

우선 4차 산업혁명이 세계적 전염병 해결에 기여한 것은 별로 없는 것 같습니다. 드론이나 인공로봇과 같은 언택트 기술이 질병 치료에서 무슨 역할을 했는지, 인간도 복제한다던 탁월한 의료 기술이 사람들의 생명을 얼마나 구했는지 의문이 듭니다. 한편 언컨택트로 모두 비대면 경제활동을 전망하고 있지만, 또 다른 이들은 인간이 결국 다시 대면해야 하는 호모사피엔스(Homo sapiens)의 본성을 버릴 수는 없을 것이라고 주장합니다. 이러한 반론도 많은 경제적 주체들이 어떻게 의사결정을 해야 할지 머뭇거리는 이유가 되고 있죠. 인류 역사에서 자연재해나 전쟁은 경제 성장의 기폭제가 되었지만, 질병으로 경제 발전이 촉발된 적은 없습니다. 게다가 인류는 현대에 들어 학습해본 적이 없는 '세균 위기(virus crisis)'를 맞이하고 있습니다. 그렇기에 경험 학습이 완결되기까지는, 그리고 확실한 백신이 나올 때까지는 비포 코로나(before corona)는 다시 돌아오지 않고 코로노멀(Coronormal) 즉 위드 코로나(with corona)가 경제의 상수가 될 것입니다.

코로노멀을 전망하려면 우선 코로나 사태 속에서 우리의 생각이 어떻게 바뀌었는지부터 봐야 합니다. 우리의 인식 변화를 보면 우선 각자도생(各自圖生), 즉 내 안전은 내가 책임져야 한다는 생각이 강해졌습니다. 그러다 보니 당연히 나와 내 가족을 둘러싼 의료보건 정보에 극히 민감해졌습니다. 그런데 그 정보는 내가 생명의 위협을 무릅쓰며 실제 체험할 수 없는, 즉 미디어와 전문가와 정부가 제공하는 간접 정보에 의존할 수밖에 없는 정보입니다. 한편 나의 안전도 타인과의 공존 속에서 지켜야 합니다. 서로에 대한 사회적 규칙으로 반드시 마스크를 써야 하고, 악수는 하지 않아야 합니다. 기침할 때 소매로 입을 가리고 사회적 거리를 언제나 유지해야 합니다. 열이 나면 공동체의 안전을 위해 집 밖으로 나오지 말고 보건소에 자진 신고해야 합니다. 개인은 따로 또 같이 공동체에 속해 있음을 글로벌하게 확인했습니다.

이번 사태로 인류가 얻은 가장 큰 교훈은 '사람이 먼저'라는 깨달음입니다. 병을 진단하고 치료하려면 의사와 간호사들의 눈물 어린 헌신이 있어야 합니다. 백신 개발을 앞당기려면 자발적으로 임상 실험에 참여하는 사람이 많아야 하죠. 타인을 존중하고 공동체 안에서 공동 선(善)을 위해 더불어 사는 사람들이 되어야 합니다. 따라서 포스트 코로나는 마치 르네상스와 같을 것입니다. 중세 봉건제도에 의한 인권 억압을 다시 되돌아보게 한 문예부흥처럼 포스트 코로나는 인문주의를 불러오고 휴머니즘이 강조될 것입니다. 다만 포스트 코로나가 르네상스와 다른 것은 단지 예술적 창조성을 추구하는 것이 아니라 경제적 효율성을 추구할 것이라는 점입니다.

그 근저에는 바로 '평판 경제'가 있습니다. 국가나 정부, 기업과 사람에 대한 존중과 신뢰를 중요시하는 '평판 경제'가 강화될 것입니다. 여행을 가려 해도 어떤 숙소가 청결할지, 어떤 국가가 방역을 잘하고 있는지, 누구를 만나려 해도 그 사람이 최근 감염 지역에 다녀왔는지, 개인의 위생 관념 측면에서 믿고 만날 수 있을지 모두 사전에 확인하게 될 것입니다. 하지만 이 모든 것을 내가 다 경험하고 확인할 수 없기에 평판에 의존할 수밖에 없습니다. 국가별로, 기업별로, 집단별로 새로운 평판 등급이 생겨나고, 그 평판 등급이 부(富)를 가속화할 것입니다. 평판은 내가 모든 것을 확인할 수 없을 때 나의 신뢰에 기반한 행동 근거로 강력하게 작동합니다. 이렇듯 평판 경제는 포스트 코로나에서 더욱 강화될 것입니다.

기업 측면에서 봐도 중요한 변화가 감지됩니다. 2020년 1월 최태원 회장이 참석한 다보스 포럼에서부터 '이해관계자 자본주의(stakeholder capitalism)'가 다시 주목받고 있습니다. 이해관계자 자본주의의란 '채권단, 고객, 사회, 직원 등의 이해를 반영하는 자본주의의 한 형태'를 뜻합니다(한경 경제용어사전 참조). 이해관계자 자본주의가 다시 주목받는 이유는 질병에서 비롯된 경제 위기 속에서 기업활동은 공존과 공익(共益)이라는 두 가지 목적을 모두 달성해야 하고, 그 구체적인 방식이 바로 이해관계자 자본주의이기 때문입니다.

장두석 울산대학교 교수는 《포스트 코로나》에서 "기업의 사회적 책임은 대단한 것이 아니라 자신이 관계한 임직원들과 함께 성장하여 사회에 새로운 혁신과 비전을 제공하여 사회의 활력과 수준을 높이는 것이라고 생각한다. 오히려 지금과 같은 비상 상황에서는 새로운 창의적인 기업관을 제시하고 다양한 이해관계자와 함께 상생할 수 있는 방법을 찾는다면 새로운 도약을 이룰 수 있는 기회가 될 것이다"라며 포스트 코로나에서 기업은 효율성과 사회적 책임 모두가 필요하다고 설명합니다. 팬데믹(pandemic)을 염려하는 지금 공통의 경제 위기를 극복하는 방법은 기업들과 그를 둘러싼 이해관계자들 간에 서로 양보하고 존중하며 서로의 권익을 극대화하는 것입니다. 마치 착한 임대인 운동처럼 말이죠.

이해관계자 자본주의를 바탕으로 한 포스트 코로나에 기업에게는 어떤 조언이 유용할까요? 우선 기업은 정부나 지자체의 방침과 조언을 성실히 따르며, 협력 업체를 포함한 직원의 건강과 일터의 안전을 최우선으로 돌봐야 합니다. 최고의 제품과 서비스 표준을 준수하고, 고객 이탈이 없도록 환불이나 교환 등 정책 운영에 융통성을 보여야 합니다. 질병을 시장 기회로 생각하면 안 됩니다. 오히려 사람을 중시하고 이를 일상 경영 속에서 과하다 싶을 정도로 실천해야 합니다. 그랬을 때 포스트 코로나에서도 기업의 사회적 명성은 더욱 드높아질 것이고 이해관계자들의 지지를 받아 기업도 이전보다 더 도약할 수 있습니다.

정치인의 평판

정치인만큼 평판과 세평에 영향을 받는 직업도 없을 것입니다. 물론 유명한 운동선수나 연예인 등도 평판에 큰 영향을 받지만 운동선수는 운동 실력이, 연예인은 재능이 평판 기반이죠. 그러다 보니 운동선수나 연예인은 평판이 훼손되어도 다시 자신들의 실력과 재능으로 평판을 회복할 수 있고, 설사 큰 과오를 범했다 하더라도 겸손한 모습과 봉사활동 또는 물적 기부 등을 통해 대중의 용서와 이해를 구할 수 있습니다. 유명인사들이 평판 위기에 빠졌다가 다시 복귀하는 경우 늘 밟는 수순은 변호사의 검토를 모두 거친, 그러나 진정성 보이는 사과문을 발표하고, 대중 앞에 당분간 모습을 보이지 않으며 자숙하거나 잠정적 은퇴

부를 부르는 평판

기간을 갖습니다. 그 기간 동안 대중은 유명인사가 감당할 물적 손실과 그들이 진정으로 반성하며 보내는 시간을 지켜보면서 그들을 다시 받아들일 마음 상태가 됩니다.

하지만 정치인(여기서 정치인은 우리의 경우 국회의원에 한정해서 논하 겠습니다)의 평판은 한 번 훼손되면 회복할 방법이 거의 없습니다. 정치인은 평판 그 자체이기 때문입니다. 정치인은 평판으로 생명이 유지되고, 유권자들은 그 평판에 대한 대가로 그에게 표를 주기 때문입니다. 정치인은 평판이 훼손되면 다른 재능이나 실력을 보일 수 없고, 평균적으로 물적 기부를 할 만큼 재산이 많지도 않습니다. 유권자는 정치인에게 봉사활동이나 재산 기부를 바라지도 않습니다. 국민이, 시민이 정치인에게 바라는 것은 단 한 가지, 평판에 걸맞는 과정과 성과입니다.

정치인은 사실 선거 때를 제외하고는 지역구민조차 잘 볼 수 없는 경우도 있습니다. 국회에 모여서 의정활동을 하는 시간과 각자의 지역구를 관리하는 시간이 구분되어 있으니, 사실 지역구민 개개인은 의정보고서 등을 통해 정치인의 최종적인 성과만을 봅니다. 그리고 그 성과에 따라 해당 정치인이 다시 지역구민을, 혹은 특정 이익집단을 진정으로 대변하는지에 대한 평판이 형성되죠. 자기만을 위한 정치를 하는지, 지역구민을 위한 정치를 하는지에 대한 평판이 만들어지고, 그 평판에 부합하는 평가가 형성됩니다. 정치인에게 평판은 즉 평가입니다. 그리고 그 평가는 늘 득표수로 확인됩니다.

그렇다면 정치인의 평판은 언제, 어떻게 훼손될까요? 첫 번째는 정치인이 부패했을 때입니다. 정치인은 권력을 가지고 있습니다. 그 권력에 로비스트나 이익집단, 친인척이나 가족, 친인(親人)이 접근하여 대가를 주고받으며 특정한 결과를 유도할 때, 그 권력의 소유자인 정치인은 결국 부패합니다. 일반 국민이 보았을 때 이해되지 않거나, 의심스러운 결정이 특정 정치인에 의해 이루어지면 당연히 그 의사결정은 의혹을 낳고, 정적(政敵)이나 언론, NGO, 사법기관의 내사 등에 따라 종종 부패로 밝혀집니다.

두 번째는 정치인이 무책임하거나 거짓말을 할 때입니다. 정치인의 위선과 가식에 대해 유권자의 판단이 유독 냉정한 이유는 유권자는 정치인에게 유권자를 위한 진정성과 책임의식 그리고 그 결과로 이루어진 성과만을 바라기 때문입니다. 여기에서 진정성은 도덕적 진정성(moral integrity)도 포함됩니다. 도덕적 진정성이란 '신독(愼獨)'에 해당하는 말로 누가 보든 안보든 늘 옳은 것을 행하고 나쁜 것을 삼가는 것을 말합니다. 정치인이 거짓말을 하거나 무책임할 경우 유권자가 결코 용서하지 않는 이유는 정치인의 첫 번째 덕목인 '도덕적 진정성'을 버렸기 때문입니다. 그 도덕적 진정성이 훼손되었을 경우, 평판이 악화되면서 해당 정치인의 정치생명도 거의 끝나버립니다. 빌 클린턴(Bill Clinton) 대통령이 탄핵 위기까지 몰렸던 이유는 그의 부적절한 사생활보다 그가 거짓말을 했기 때문이었죠.

세 번째는 실언(失言)이나 막말을 할 때입니다. 예전에 정치인은 오피니언 리더(opinion leader)로 불렸습니다. 요즘은 인플루언서(influencer)라고 불리죠. 그래서 정치인의 언행은 늘 사회적으로 주목받습니다. 정치인은 성과를 내기 위해 때로는 결단력과 실행력을 요구받습니다. 그러기 위해서는 늘 정제(精製)와 성숙(成熟)을 바탕으로 한 언행이 기본입니다. 극단적인 행동이나 말투, 폭언, 저질의 비언어 등은 정치인이 삼가야 할 언행입니다. 일본 자민당은 소속 의원들에게 '실언, 오해를 방지하려면'이라는 매뉴얼을 만들어 배포하기도 했습니다. 매뉴얼 맨 앞에는 "발언은 편집되어 사용된다"는 말이 쓰여 있습니다. 이 매뉴얼에는 정치인이 말조심해야 할 다섯 가지 사항이 정리되어 있습니다. 첫 번째, 역사 인식이나 정치 신조에 대한 '개인적' 의견입니다. 두 번째, 성별에 대한 견해입니다. 당연히 성차별적 발언

등도 포함될 것입니다. 세 번째, 재해에 대한 배려가 부족한 발언입니다. 네 번째, 병이나 노인에 대한 발언입니다. 다섯 번째, 친한 사람과 나누는 잡담 표현입니다. 이러한 표현을 하지 말라는 것이 아니라 늘 조심하라는 뜻입니다. 저도 강연을 하면서 '정치, 성(性), 종교'에 대한 발언은 늘 신중하려고 합니다.

정치인의 폭언이나 막말은 결국 낙선으로 귀결됩니다. 프랑스 철학자 클로드 아드리앵 엘베시우스(Claude Adrien Helvetius)가 말했듯 "용납될 수 없는 것은 무지가 아니라 무례함"입니다. 그런 의미에서 우리나라 정당에서도 공적인 이익을 근거로 '정치인의 말하기' 매뉴얼을 배포하고 교육해야 합니다.

정치인의 평판이 점차 더욱 중요해진다는 사실은 학술 연구에서도 밝혀졌습니다. 페트라스(Petras), 오르제카우스카스(Oržekauskas), 잉그리다 슈마이지에네(Ingrida Šmaižienė)가 연구한 〈대중적 이미지와 평판관리(Public Image and Reputation Management: Retrospective and Actualities)〉 논문을 보면 다음과 같은 연구 결과가 나옵니다. "정치에서는 긍정적 이미지와 평판은 더 할 수 없을 만큼 중요하다. 평판관리는 총체적인 접근에 기초한다. 평판은 예를 들어 미디어 메시지, 소문, 이해관계자들의 관점과 인정 등 외적 요소뿐 아니라 정치인 자체의 행동, 커뮤니케이션, 외모, 성과, 다양한 이해관계자 간의 해석 등도 그 요소를 구성한다. 정치인의 이미지와 평판관리는 개인적이든 기관 차원이든 정치인의 정체성을 결정하고 바람직한 이미지 프로필을 결정하는 데 바탕을 두어야 한다." 이 말은 정치인은 정치인을 둘러싼 미디어, 이해관계자 등 외부 환경 속에서 정치인 자체(소통 능력, 외모, 행동 등)가 평판이라는 의미입니다.

그렇다면 이렇게 복잡한 환경 속에서도 긍정적인 이미지와 평판을 가장 잘 유지하고 있는 정치인은 누구일까요? 재임 중에도, 심지어 퇴임 후에도 평판이 훼손되지 않는 정치인은 누구일까요? 최근 이런 신문 보도가 있었습니다. "미국 워싱턴DC의 스미스소니언 국립초상화갤러리의 연간 방문객 수는 100만 명을 조금 웃도는 수준이었다. 그런데 지난해 갑자기 100만 명이 더 늘어나 230만 명을 기록했다. 방문객이 급증한 이유가 뭘까. 갤러리 측은 '오바마 초상화 덕분'이라고 밝혔다. (중략) 지난해 2월 이곳에 버락 오바마 미국 전(前) 대통령의 초상화가 전시되기 시작했다. 양복을 입은 오바마가 의자에 앉아 있고, 그가 유년기를 보낸 하와이를 상징하는 재스민꽃과 정치를 시작한 시카고의 상징인 국화꽃 등으로 배경을 꾸민 초상화다. 갤러리 안내 데스크 봉사자인 메리 프란시스 코에르너는 '방문객들이 이전엔

'대통령 초상화 방이 어딨냐'고 물었지만, 지금은 '오바마 초상화가 어딨냐'고 묻는다'고 〈워싱턴포스트〉에 말했다. 방문객들은 오바마 초상화를 보려고 줄지어 기다리고 기념사진을 찍는다고 외신은 전했다." (출처: http://news.chosun.com/site/data/html_dir/2019/03/01/2019030100063.html

YouGov라는 조사기관이 2019년 2월부터 2020년 2월까지 약 7,500명을 인터뷰한 결과 버락 오바마 전 대통령에 대해 긍정 의견을 보인 비율이 자그마치 56퍼센트였습니다. (출처: https://today.yougov.com/ratings/politics/popularity/politicians/all) 퇴임 후에도 여전히 미국 국민의 절반 이상이 오바마를 긍정적으로 평가하고 있다는 것이죠. 미국 경제를 살려내고 완전고용을 기록하며 지금도 연간 강연료만 수천만 달러를 벌고 있는 빌 클린턴 대통령에 대한 호의적 평가는 42퍼센트이고, 심지어 현직 대통령 도널드 트럼프(Donald Trump)는 긍정적인 평가는 39퍼센트에 불과한데 반해, 부정적인 평가는 52퍼센트에 달합니다.

그렇다면 오바마 전 대통령의 평판이 여전히 높은 이유는 무엇일까요? 오바마 전 대통령은 일리노이주 상원의원으로 미국 정치무대에 등장하여 2004년 민주당 전당대회에서 멋진 기조연설로 중앙무대의 주목을 받았습니다. 그러나 그는 혁신적인 진보주의자이며 아웃사이더였습니다. 조너선 체이트(Jonathan Chait)가 지은 《오바마의 담대함(Audacity: How Burack Obama Defied His Critics)》에 따르면 오바마는 임기 중 '딥워터 호라이즌호 석유 유출' 등 적어도 열아홉 번의 정치적 위기를 겪었다고 합니다. 그때마다 그는 무모할 정도로 자신의 결단에 따라 과감하게 대통령 직무를 수행했습니다. 자신의 인격(personality)에 부합하는 행보를 보이며 오바마케어에서 보듯 소수 기득권층의 반대를 무릅쓰고 자신이 진보적으로 추구하는 이슈들을 국민과 끊임없이 소통하며 추진했죠. 자신이 가진 권력을 남용하지도 않았고, 부패하지도 않았으며, 위선을 보이지도 않았습니다. 오바마 개인의 높은 평판은 단순히 미국의 경제력이나 군사력과 같은 하드파워(hard power)가 아닌, 미국의 소프트파워(soft power)를 강화하여 국제 환경 속에서 미국의 리더십을 돋보이게 했습니다. 오바마의 평판이 여전히 높은 이유는 재임 중 도덕적 진정성을 바탕으로 스스로 모범이 되어 국민이 원하는 성과를 국민과 소통(communication)하며 추진했기 때문입니다. 그 행보는 퇴임 후에도 모순되지 않고 있습니다.

대한민국 대통령에게 국민이 원하는 것은 분명 한 가지입니다. 바로 '재임 중에도 퇴임 후에도 평판이 훼손되지 않는 정치인'이죠. 우리나라 대부분의 대통령은 재임 중이든 퇴임 후이든 평판이 심각하게 훼손되었습니다. 가족에 의해, 지인에 의해, 자신의 잘못으로 인해 대부분의 평판은 바닥으로 떨어졌습니다.

많은 사람이 높은 평판이 유지되는 대통령과 정치인을 만나고 싶어 합니다. 그리고 그 평판에 걸맞는 훌륭한 성과를 눈으로 보고 싶어 합니다. 성군(聖君)이나 선군(善君)을 넘어선 '일꾼' 대통령을 만나고 싶어 합니다. BTS처럼 대한민국의 소프트파워를 드높일 대통령을 만나고 싶어 합니다. 정치인의 평판은 결코 낮아져서는 안 됩니다. 업적과 함께 높아지는 평판, 그게 정치인의 자기관리 덕목 제 1번입니다.

개인의 평판
관리법

기업과 국가의 평판이 중요한 만큼 개인 평판도 중요합니다. 누구에게나 인격이 있듯 누구에게나 세평(世評) 혹은 평판이 따라다닙니다. "호랑이는 죽어서 가죽을 남기고 사람은 죽어서 이름을 남긴다"라는 속담을 모르는 사람은 없을 겁니다. 개인의 평판과 명성에 관한 낯익은 속담이죠. 우리 모두는 당연하게 이름을 가지고 있습니다. 하지만 평판이나 명성은 당연하게 가질 수없습니다. 좋은 평판은 사회생활을 시작하는 순간부터 만들어야합니다. CEO도 한 개인으로서의 평판이 있고, 그 평판은 자신이운영하는 기업의 평판과 때로는 다르기도 합니다.

요즘 기업뿐 아니라 개인의 평판이 중요해진 이유는 이직 횟

수가 늘고 평판 조회는 수월해진 데다, 인재에 대한 기업의 검증도 까다로워졌기 때문입니다. 각 기능에 필요한 전문직이 필요한데 그 기능이 있는지, 인성은 적절한지에 대해 각 기업은 인재 채용 당시부터 철저히 검증합니다. 기업은 직원을 채용할 때 검색엔진을 통해 후보자의 평판을 알아내고, 신용등급처럼 '평판등급'을 매깁니다(평판이 매우 중요한 정치 세계에서도 인재로 영입했다가 뒤늦은 평판 검증으로 중도 하차하는 경우도 다반사입니다).

개인은 자신도 모르게 남긴 SNS의 흔적으로 평판 점수가 매겨지고, 온라인으로 주고받은 대화가 캡처되어 퍼지면서 신뢰를 잃기도 합니다. 온라인상의 개인 기록 등을 찾아서 삭제해주는 '디지털 장의사'가 각광받는 이유도 이제는 개인들도 나쁜 평판의 근거들을 삭제할 필요가 있기 때문입니다.

영화 〈셜록(Sherlock)〉〈닥터 스트레인지(Doctor Strange)〉로 유명한 배우 베네딕트 컴버배치(Benedict Cumberbatch)는 2018년 아내와 함께 택시를 타고 가다가 강도 네 명이 음식 배달 업체 배달부를 위협하는 장면을 목격했습니다. 그는 즉시 택시에서 내려 "내버려 둬"라고 소리치며 강도들을 쫓아냈죠. 컴버배치는 당시 상황을 묻는 기자들에게 "나는, 그냥 뭐, 아시다시피 그래야 하니까요"라고 덤덤하게 답했지만, 평소에 보였던 그의 정의감과 당당함이 현실 세계에서도 실현된 모습을 보고 그의 평판은 더 높아졌습니다. 최근에는 영화배우 리어나도 디캐프리오(Leonardo DiCaprio)가 배에서 떨어져 바다로 조난된 한 남성을 수시간 찾아 구조한 사건이 밝혀져 역시 미담으로 회자되었습니다. 이렇게 개인의 평판은 일상에서 발휘되며 평소에 보였던 모습이 증폭될 때 드높아집니다. 프랑스 철학자 볼테르(Voltaire)는 "사람들로 하여금 자신에 대해 좋은 말을 하게끔 만드는 단 한 가지 방법은 자신에 대해 좋게 말하는 것이다"라고 했습니다. 스스로의 평판은 스스로가 만들어야 한다는 뜻입니다.

그렇다면 개인의 평판관리는 어떻게 해야 할까요? 나의 평가자, 평판 결정자 혹은 평판 전달자가 될 만한 사람(사실 대부분 사회에서 만나는 사람들)에게 내가 보이고 싶은 페르소나를 만드는 것이 중요합니다. 그리고 나의 페르소나를 좋아하는 추천자들이 많아지도록 해야 합니다(예전에는 페르소나라는 말 대신 캐릭터 혹은 콘셉트라는 말도 사용했습니다). BTS를 최초로 학문적으로 연구한 서일호 박사는 〈스타 속성이 스타와 팬 커뮤니티 동일시와 팬 자발적 행동에 미치는 영향〉이라는 자신의 논문에서 '스타의 속성'을 '신뢰성, 전문성, 외적 매력성, 예능적 매력성'으로 분류했습니다. 그리고 '고객의 자발적인 행동'은 '충성도, 협조, 참여'로 구성되며, 팬커뮤니티 회원인 팬은 스타의 정보를 사용하여 자신의 가치와 관심사를 확인 또는 표현하는 방식으로 팬커뮤니티와 자신을 동일시한다고 제시했습니다. BTS는 스타의 속성을 모두 가지고 있으며, 그 속성들을 바탕으로 스스로의 인간적인 면과 진정성을 진솔하게 보였고, 팬들은 그 모습에서 공감과 친화감을 강하게 느끼며 자발적으로 응원을 보냈다는 분석이죠.

평범한 개인들 또한 누구나 매력을 가지고 있고, 타인에게 보이는 모습이 페르소나가 되어 타인들은 그 페르소나를 확인하고 또 다른 타인들에게 평가를 전달합니다. 따라서 개인의 평판을 높이고 싶다면 먼저 페르소나를 정하고, 그 페르소나가 여러 사람에게 지지를 받아 본인을 추천해주고 칭찬해줄 사람들을 많이 만들면 됩니다.

페르소나를 어렵게 생각할 필요가 없습니다. 우리가 SNS에 자주 다는 자신만의 해시태그를 떠올리면 됩니다. '나다움(Who I am)'을 표현하는 키워드를 만들어 그 키워드를 자신만의 페르소나로 만들면 됩니다. 그러려면 사회적으로 호평받을 수 있는 '나다움'을 찾아내야 합니다. 여기서 중요한 점은 나다워야 한다는 것입니다. 거짓 페르소나는 지속가능하지 않습니다. 한두 번 그런 척할 수는 있어도 결코 진짜 나 자신이 될 수는 없습니다. 저도 잠시 방송에 고정 패널로 출연한 적이 있는데, 방송을 거듭할수록 결국은 제 스타일이 나오고, 그 스타일이 저의 페르소나로 자리 잡더군요.

개인 평판을 관리하는 아주 중요한 또 다른 방법은 '직연(職緣)'을 소홀히 하지 않는 것입니다. 학교에서 만난 인연을 학연, 같은 지역 출신을 지연, 가족이나 친인척을 혈연이라고 하는데요. 직연이란 이와 유사하게 '같은 직장에 함께 다니며 일했던 인연'을 가리킵니다. 요즘처럼 경제 수명이 길어진 시기에는 같은 직장에 근무했다면 비록 그 회사를 그만두더라도 '회사 동창생(company alumni)'이 되어 같은 업계에서 언제 어떻게 다시 만날지 모릅니다. 저 역시도 회사를 그만둔 지금까지 그때 만난 지인들을 외부에서 만나거나 안부를 전해 듣곤 하는데요. 그때마 '세상이 정말 좁구나'라고 느낄 때가 한두 번이 아닙니다.

이 직연을 어떻게 관리하는가도 평판에 결정적인 영향을 끼칩니다. 같은 기업에 근무했던 동료와 연락을 주고받고 인연을 이어가면서, 그 인연을 '호감'과 '지지'로 강화해야 합니다. 일단 좋은 인연을 만들어두면 같은 회사에 근무하지 않아도 그 '회사 동창생'들은 여전히 내 뒷배가 되어줍니다. 하지만 '어글리 엔딩 (ugly ending)'으로 헤어진 동창생들은 두고두고 나의 반대편에서고, 예기치 않게 나의 평판을 방해합니다. 특히 '직장인 괴롭힘'의 가해자로 평판이 남아서는 절대 안 됩니다. 가해자로 판정받고 나면 변명의 여지없이 기록으로 남기 때문입니다. 직연은 언제나 '선연(善緣)'으로 남아야 합니다.

개인 평판을 관리하는 또 다른 방법은 나를 강하게 지지하고 성원하고 추천해줄 지인들을 적어도 세 명 이상은 늘 확보하는 것입니다. 한 인터넷 취업 포털에서 기업 인사 담당자를 대상으로 한 설문조사에 따르면, 대상 기업의 51.4퍼센트가 채용 시 평판 조회를 하며, 그 평판 조회 결과 탈락한 지원자가 70퍼센트 이상이라고 합니다. 요즘은 헤드헌터사에서 진행한 평판 조회를 못 믿어 다시 전문 평판 조회 기업에 평판을 조회하는 경우가 많습니다.

일반적으로 평판 조회 방식은 후보자의 동의하에 '지명'과 '비지명'으로 조회합니다. 지명은 이직 후보자가 평판자를 선정하여 헤드헌터에게 알려주어 그들에게서 평판을 듣는 방법이고, 비지명은 이직 후보자에게 묻지 않고 헤드헌터가 후보자를 알 법한 업계 사람으로부터 평판을 듣는 방법입니다. 그때 조회하는 항목은 대상자들의 대인 관계, 업무 능력, 조직 충성도, 이직 이유, 협업 능력, 도덕성, 리더십, 사생활의 문제점 등입니다.

그런데 이 평판 조회에서 놀라운 일이 벌어집니다. 내가 생각하기에 분명히 나를 지지해줄 것이라고 생각했던 지명자들이 의외로 5천 원짜리 커피 쿠폰 한 장에 악평을 하는 경우가 많다고 합니다. 그러다 보니 조건부 입사 후 지인들의 악평으로 입사가 취소되는 경우도 허다하다고 합니다. 따라서 어떤 경우에도 나의 평판을 보호해줄 사람들이 필요합니다. 삼인성호(三人成虎)라는 말처럼 세 사람이 같은 말을 하면 없던 호랑이도 만들 수 있습니다. 나에 대해 나쁘게 말할 사람보다 좋게 말해줄 사람을 많이 만들어야 합니다. 적군보다는 아군이 많아야 합니다. 그러기 위해서는 의도적으로라도 나의 평판을 지인들에게 잘 유지해두어야 합니다. 자신의 부족한 점, 잘못한 점, 기업 생활에 대한 부정적인 생각을 주변에 모두 털어놓았다가 후회하는 후배를 본 적도 있습니다. 기업이 늘 평판을 염두에 두고 경영하듯, 우리도 늘 나의 평판을 보석처럼 생각하며 말하고 행동해야 합니다.

개인 평판관리의 또 다른 방법은 온라인상의 평판을 조심해야 한다는 점입니다. 수많은 팬을 가진 인플루언서조차 한 번의 실수로 평판을 해치고 시장에서 퇴출됩니다. 러시아 스트리트 패션계의 스타 인플루언서 미로슬라바 듀마(Miroslava

Duma)는 2019년 초 러시아 디자이너 율리아나 세르젠코(Ulyana Sergeenko)로부터 받은 꽃다발과 카드 사진을 인스타그램에 올렸는데요. 이 사진 속 카드 글귀가 인종차별적으로 보였습니다. 듀마는 게시물을 삭제하고 사과문을 올렸지만 팔로워들의 분노는 사그라들지 않았죠. 결국 듀마는 자신이 공동 창업한 브랜드 더 토트(The Tot)의 임원직 자리에서 사임해야 했습니다.

2018년 봄까지만 해도 페이스북은 100가지가 넘는 데이터를 수집했다고 합니다. 신상 정보는 물론, 취미 성향, 관심사, 읽은 책 목록, 감상한 영화 목록, 정치관, 종교관, 관심 있는 성별, 심지어 좋아하는 인용구까지 말이죠. SNS를 한글로 치면 '눈'이 된다고 앞에서 얘기했는데요. 그래서 취업준비생들 사이에서는 입사를 앞두었다면 자신의 SNS부터 정리해야 한다는 말이 회자됩니다.

온라인상에서 나의 평판관리

그렇다면 온라인 평판관리는 어떻게 해야 할까요? 래리 웨버(Larry Weber)가 쓴 《기업 평판, 소셜 네트워크에 달렸다(Sticks and Stones)》에 다음과 같이 온라인 평판관리 방법이 나와 있습니다.

- 블로그, 웹사이트, 트위터, 소셜네트워크 페이지, 기업 사이트, 소매 사이트 등에서 자기 이름이 개인적, 직업적으로 언급되는지 모니터링한다.
- 현재의 디지털 평판의 긍정적인 면과 부정적인 면을 분석한다.
- 개인적, 직업적 '이해관계자'들이 누구인지 파악한다(친구와 동료, 현 고용주 및 잠재적 고용주, 현 고객 및 잠재적 고객, 업계 지인 등).
- 이해관계자들에게 긍정적인 인상을 주고, 필요한 경우 평판을 높이기 위한 우선순위를 정한다.
- 어떤 e-커뮤니티와 사이트가 자신의 이해관계자들과 자신의 기업, 업계, 경력에 중요한지 판단한다.
- 인터넷상에 개인적 또는 직업과 관련된 홈페이지를 만들고(자신의 이름을 웹도메인이나 블로그 제목으로 사용한다), 정기적으로 콘텐츠를 업데이트한다.
- 개인적, 직업적 소셜네트워크 사이트(시스템)에서 적극적으로 활동한다.
- 다른 사람들과 관계를 맺거나 다른 이를 추천하거나 다른 이의 추천을 받을 때에는 분별력 있게 행동한다.

- 온라인 대화에 참가하거나 (사려 깊고 공손한 태도로) 토론 스레드, 블로그 게시물, 리뷰 등을 올릴 구체적인 목적지를 정한다.
- 댓글을 달거나 블로그 활동을 하거나 리뷰를 작성할 때는 계속 같은 이름으로 활동해야 검색 결과에 자신의 이름이 나온다.
- 자신의 디지털 평판을 지속적으로 모니터링하면서 필요한 경우 전술을 바꾼다.

온라인 평판에 관한 또 다른 조언도 있습니다. 마이클 퍼틱 (Michael Fertik)과 데이비드 톰슨(David C. Thompson)이 쓴《디지털 평판이 부를 결정한다(The Reputation Economy)》에도 온라인상에서 개인 평판을 보호하는 방법에 대해서 다음과 같이 언급하고 있습니다.

"그나마 다행인 것은 디지털 기록의 시대에도 우리 자신을 빅데이터와 거대 분석 요원들로부터 보호할 방법이 존재한다는 것이다. 첫 번째는 아주 뻔한 방법이다. 언제 어디서 무슨 일을 하든 당신의 '일거수일투족'이 기록되고 저장된다는 것을 잊지 말아라. 안전하고 평온한 삶을 바란다면 온라인이든 오프라인이든 당신이 하는 모든 일들이 기록되고 있다는 사실을 늘 명심해야 한다. 둘째, 자신에게 흠이 될 만한 일을 털어놓을 때는 반드시 신중하라. 물론 페이스북 같은 곳에 자신의 잘못을 털어놓으면 마음이 가벼워질지 모른다. 하지만 평판 경제에서는 아무리 사소한 실수라도 일단 본인이 시인하고 나면 그 정보는 더욱 활기차게 인터넷을 떠돌게 된다. 그러니 페이스북이나 트위터에 기업 출장비를 부풀려서 신청했다느니, 졸업시험에서 커닝을 했다느니 하는 글들을 올리기 전에는 반드시 곰곰이 생각해보기 바란다."

소셜미디어 속에서는 언제나 개인의 생각과 행동이 기록되고 저장됨을 잊지 말고, 심지어 자기 SNS에 자신의 흠을 털어놓는 것도 신중하라는 취지입니다.

평판 조회를 영어로 레퍼런스 체크(reference check)라고 합니다. 여기의 refer에 ee를 붙이면 바로 레퍼리(referee), 즉 심판이 됩니다. 나의 평판을 조회하고 검증하는 사람들은 늘 심판처럼 나를 평가합니다. 따라서 나의 평판은 늘 심판들을 의식하면서 도자기처럼 다루어야 합니다. 평판도 도자기처럼 한번 깨지면 붙여도 금이 가기 때문이죠. 특히 개인의 깨진 평판은 업계에서 공유되기에 더욱 심각합니다. 다니엘 솔로브(Daniel J. Solove)가 쓴《인터넷 세상과 평판의 미래(The Future of Reputation)》에는 개인 평판의 공유에 관한 인용이 나옵니다. "경제학자 애브너 그리프(Avner Grief)는 마그리비 상인의 얘기를 예로 들며 평판과 신뢰에 대해 멋진 해석을 내린다. 마그리비 상인들은 11세기 지중해를 따라 교역을 하던 유대인 상업 집단이다(Avner Greif, Institutions and the Path to the Modern Economy: Lessons from Medieval Trade 58-59(2006)). 그들은 장사를 할 때 배달, 판매 등 가게 일을 돕는 종업원을 고용했다. 그런데 고용인들이 돈을 빼돌리거나 장부를 속일 가능성이 있었다. 상인과 종업원은 계약에 근거한 관계가 아니어서 법이 그들 사이에 개입해서 중재하는 일은 거의 없었다. 그럼에도 마그리비 상인들은 종업원들이 속임수를 쓰지 않을 거라 확신했다. 왜냐하면 '속인 경험이 있는 종업원은 절대 고용하지 않겠다'는 규칙을 세웠기 때문에 정직하지 않은 종업원은 다른 가게로 이적할 수 없었다. 한 번 속여서 믿음이 깨진 종업원에 대한 정보는 마그리비 상인이 서로 공유하기 때문이었다. 마그리비 상인들은 종업원들을 정직한 상태로 유지하기 위해 평판을 이용했다. 종업원으로 계속 고용되려면 좋은 평판을 유지해야 했다. 마그리비 상인의 고용인들은 한 번 속이면 앞으로 계속 그 대가를 치러야 한다는 걸 알았다. 이렇게 평판은 정직하지 못한 사람과의 거래를 방지했을 뿐 아니라 사회 질서를 지키는 데도 한몫했다. 평판은 자신의 행동에 책임이 따른다는 걸 증명했고, 사회 규범을 구축했으며, 서로의 신뢰를 저버리지 못하도록 강력한 동기를 부여했다"라며 개인 평판이 공유되는 좋은 사례를 제시했습니다.

지금도 취직을 위해, 이직을 위해 끊임없이 자기계발을 하는 사람들이 많습니다. 가장 최고의 스펙은 다름 아닌 '좋은 평판'입니다. 반대로 아무리 좋은 스펙을 쌓고 훌륭한 경력을 가졌어도 평판이 나쁘면 모두 상쇄됩니다. 그러니 개인의 평판은 개인의 스펙이라고 생각하고 철저히 관리해야 합니다.

좋은 평판을 유지하는 것은 창업할 때도 매우 중요합니다. 미국에서 유아교육 앱을 개발해 엘론 머스크(Elon Musk)의 관심까지 끈 에누마(Enuma)의 창업자 이수인 대표는 "창업자가 최선을 다한 끝에 맞는 실패를 실리콘밸리는 소중한 자산으로 인정해준다"며 그래서 "기업 청산 과정에서도 자기 몫을 챙기기보다 다른 주주들을 존중했다는 평판을 쌓는 게 중요하다"라고 강조했습니다. (《한국경제신문》 2019년 6월 12일자, '실리콘밸리서 성공한 한인 여성들 '실패하더라도 좋은 평판 남겨라'' 참조). 심지어 창업을 했다가 실패해도 재기할 수 있는 바탕이 되는 것도 바로 평판입니다. 탈무드에 나오는 말처럼 "평판은 최고의 소개장"입니다.

이제는 인재 검증의 시대

평판 조회 회사 하이어베스트 정혜련 대표 인터뷰

문성후   회사 소개 부탁드립니다.

정혜련   '하이어베스트'는 평판 조회 회사입니다. '베스트(best)'
를 '하이어(hire)' 한다는 의미예요. 그리고 2016년 초부터
'유앤파트너즈'라는 헤드헌팅 비즈니스에서 업무를 보고
있습니다. 인재 검증만 하는 독립된 부문이에요.

문성후   요즘 평판 조회하는 분들이 점점 많아지고 있죠?

정혜련   네. 보편화되고 있습니다.

문성후   대표님은 '평판'이란 무엇이라고 생각하시나요?

정혜련   개인이 하고자 하는 계획에 걸림돌이 되지 않게끔 만들
어놓는 것이라고 생각해요. 특히 임원급으로 올라갈수록

시야가 더 넓어지는데 한두 사람의 적을 만들어서 나중에 그들이 자신의 발목을 잡지 않게 해야 합니다. 어떤 회사를 들어가고 싶은데 평판이 안 좋아서 탈락하거나 내부 승진 과정에서 평판 때문에 떨어진다면 모든 계획이 망가지는 거잖아요. 그러니까 자신의 계획에 방해가 되지 않을 정도, 발목 잡히지 않을 정도로 평판을 관리해야 합니다.

문성후　대표님의 역할은 무엇에 비유할 수 있을까요?

정혜련　저는 평판을 거르는 뜰채라고 생각합니다. 이런 사례가 있었어요. 어떤 포지션에 적절한 스펙을 가진 분이 계셨는데 그분한테 이런저런 소문이 있더라고요. 그러니 그분을 고용하고 싶어 한 회사 CEO도 망설이시더군요. 카더라만 믿고 떨어뜨리기도 애매하고, 그렇다고 그냥 뽑자니 좀 꺼림칙했던 거죠. 그래서 저한테 평판 조회를 부탁하셨어요. 그 소문이 진짜인지 아닌지 궁금하셨나 봐요. 그래서 제가 적극적으로 평판 조회를 해보시라고 제안드렸어요. 왜 그런 소문이 났는지 근거도 없이 떨어뜨리기엔 아까운 인재일 수도 있으니까요. 그래서 저희의 역할을 뜰채라고 말씀드린 거예요. 저희 체가 고우면 고울수록 모래 안 섞인 고운 밀가루만 떨어지는 거죠. 생각해보세요. 떨어져야 하는 사람인데 저희 체가 너무 굵어서 평판조회에 실패했고, 의뢰한 기업은 저희만 믿고 그 사람을 채용했다면 결국 어마어마한 인사 실패가 초래되는 거잖아요.

문성후 그래서 소문을 확인해보니 어떻던가요?

정혜련 그 소문은 사실이 아니었어요. 이분이 굉장히 꼼꼼하고 리더십 있는 스타일이었어요. 그러니까 부하 직원이나 동료들이 좀 힘들었나 봐요. '아, 그 사람이랑 일하는 거 너무 힘들어.' 이런 정도의 푸념이었던 거죠.

문성후 그런 말이 이상하게 퍼진거군요?

정혜련 그 소문의 루트를 따라가보니 반대로 평가하는 사람도 있는 거예요. 그러니까 굉장히 스마트하고 일 잘하는 사람이었는데, 그걸 따라가지 못했던 사람들이 '저 사람 왜 저렇게 빡빡해.' '아, 힘드네.' 이러면서 좋지 않은 평가를 내렸던 거죠.

문성후 일 잘하는 사람을 못 쫓아가서 나쁜 소문을 퍼뜨리는 사람들이 종종 있어요.

정혜련 (웃음) 맞습니다. 예를 들어서 빠르게 승진하거나 특별히 뛰어난 사람이라 경영진의 신뢰를 받으면 눈에 띄잖아요. 그런 사람들은 그렇지 않은 사람들에게 불안감을 줘요. 저 사람 때문에 자신이 밀릴 수도 있겠다는 생각이 드는 거죠.

문성후 평판이 좋아서 잘 풀린 사례도 듣고 싶습니다.

정혜련 한 기업에서 포지션 하나에 후보 두 명을 주셨어요. 딱 봤을 때는 A가 스펙이 너무 좋았어요. 회사에서 원하는 경력과도 훨씬 잘 맞았고요. 그런데 정작 평판 조회를 해보니까 B가 좋았어요. 그래서 결과가 뒤바뀐 경우도 있죠.

문성후 B는 평판 조회에서 어떤 득점 포인트를 얻었나요?

정혜련 B는 협업을 잘했고 회사에서 인간관계가 매우 좋았습니다. 요즘은 결과물도 중요하지만 정성적인 업무 진행 과정에서 잡음은 없는지가 더 중요해지는 시대거든요. 그런 진행 과정에서 B가 굉장히 유연했어요. 아주 부드럽게 잡음 없이 일을 진행하는 경우였죠.

문성후 평판 조회를 한 후 고객 회사에 제공하는 리포트는 어떤 형태인가요?

정혜련 정량과 정성으로 나누어집니다. 우선 정량적인 부분은 팩트 페이스로 떨어지는 거예요. 저는 팩트 체크라고 얘기

해요. 예를 들어 학력을 보자면, 수료했다 안 했다, 수료는 했는데 논문을 아직 못 써서 졸업은 못했다 이런 식으로 딱딱 떨어지는 데이터들이 있잖아요. 경력이나 포지션 같은 거요. 그런 것은 저희가 정량적인 것으로 점수를 매기죠. 후보자가 거짓말을 했다면 그건 정말 큰 마이너스 포인트입니다.

정성적인 부분은 주변 사람들이 내리는 주관적인 평이에요. 평가자의 기준이 높을 수도 있고 낮을 수도 있죠. 상사 입장에서는 후보를 두루두루 볼 수 있는 빅포인트가 있지만, 동료 입장에서 봤을 때는 일부분만 보죠. 또 부하 직원이 봤을 때도 평가 기준이 달라요. 그들은 리더십을 보죠. 어떻게 매니징하는지 같은 것들을 봅니다. 그러니 어떤 평가자가 후보자를 평가하느냐에 따라 굉장히 다른 평가가 내려져요. 그래서 주관적이라고 말씀드리는 겁니다. 그렇다고 저희가 어떤 평가를 내려야 할지 모르겠다고 보고할 수는 없잖아요. 그런 주관적인 평가를 다시 분석해야 해요. 재미있는 게 여러 사람과 통화해보면 공통분모가 나와요. 후보자의 뚜렷한 성향 같은 것이죠. 그리고 개별적인 평가들을 세세히 적습니다. 예를 들어 근면

성실하다고 평가받는 후보자가 있다면, 저희는 구체적인 사례를 여쭈어봅니다. 매일매일 출근 시간 1시간 전에 출근하더라 같은 구체적인 상황을 적는 거죠.

문성후 평판 조회에서 회사가 늘 명심할 점은 무엇인가요?

정혜련 컴플라이언스(compliance)에 문제가 있다면 눈 감고 가서는 안 됩니다. 원리원칙에 어긋나는 일을 했는데 '뭐, 그 정도쯤이야'라고 쉽게 생각하면 안 되죠. 베어링스은행 파산 사건에 대해 아실 거예요. 1989년에 닉 리슨(Nick Leeson)이 베어링스은행에 입사해요. 약간의 신용불량이 있는 사람이었죠. 은행에서는 당연히 신용 조회를 했는데, 별 거 아니라고 생각하고 눈을 감은 거예요. 단기 연체니까 문제없을 거라고 생각한 거죠. 그런데 그 직원이 트레이딩을 하면서 회사에 조금씩 손해를 끼치기 시작했어요. 한꺼번에 엄청 큰 액수를 던진 게 아니라 아주 조금씩, 약간 손해 본 거니까 금방 메우면 된다고 생각한 거죠. 만약 그 직원을 처음 스크리닝했을 때 신용 문제를 조금 더 주의 깊게 보고 조금 더 모니터링을 해야겠다고 결정했다면 그런 엄청난 일은 벌어지지 않았을 거예요. 결국 그 직원으로 인해 베어링스은행은 단돈 1파운드에 팔리며 파산했죠.

물론 회사도 평판관리를 해야 합니다. 처우나 회사 홍보처럼 공식적인 것 말고, 비공식적인 평판 블라인드 앱이나 잡플래닛 같은 곳에서요. 예를 들어 잡플래닛에서 2점 미만의 평점을 받으면 좋은 평판이 아니라고 하잖아요. 그 점수를 보고 인재들이 입사 지원을 안 하면 이것도 회사 손해죠.

저희 같은 평판 조회 회사도 사전에 후보자를 얼마나 정확하게 파악했는지, 특히 저희 리포트와 실제 후보자의 직장 생활이 얼마나 일치했는지에 대한 지표가 있는데, 이것도 하나의 평가 지표입니다. 일치율이 높다는 것은 사전 평판 리포트의 신뢰가 높다는 뜻이잖아요. 그러면 그 리포트를 올린 평판 조회사의 평판이 높아지는 거죠.

문성후 이미 2014년 고용노동부는 미래 유망한 신직업으로 '온라인 평판관리자'를 신설하였습니다. 온라인 평판관리자란 온라인에서 기업이나 개인, 유명인 등의 평판을 이해관계자에 대응하며 유지 관리해주는 직업입니다. 현대 사회는 '검색한다. 고로 존재한다'라는 말이 나올 정도로 오프라인 평판을 넘어 온라인 평판까지 관리해야 하는 상황입니다. 앞으로 손가락 몇 번만 치면 개인이든 기업이든 평판이 한 번에 그림처럼 펼쳐지는 세상이 열릴 텐데, 이런 사회에서 평판은 더욱더 중요하고 관리해야 할 대상이죠. 평판 조회 시장도 그런 면에서 더욱 확대될 것 같습니다.

4차 산업혁명이 왔다고들 하는데 도대체 구체적으로 나의 생활에 무엇이 심각하게 달라졌는지 실감하지 못하는 사람들이 많습니다. 인공지능이 나와 데이터 처리 속도가 조금 빨라졌거나 굳이 은행에 가서 대면 거래를 하지 않아도 간단하게 금융 거래를 할 수 있는 정도로 인지될 뿐이죠. 그런데 4차 산업혁명이 엄청난 변화를 일으킨 분야가 하나 있습니다. 바로 내가 세상을 사는 데 필요한 '평판 등급'입니다.

평판은 '세평'이라고도 합니다. '세상이 내리는 평가와 판단'이라는 뜻입니다. 이 세평이 우리나라에서는 유독 수동적으로 치부되어 왔습니다. 나 말고 다른 사람들이 내리는 평가와 판단인 만큼 '좋으면 좋고 나빠도 나만 아니면 되지'라는 생각으로 내버려둔 것입니다. 나에게 직접적으로 크게 영향을 미치지 않았고, 주위 어른들도 언젠가는 너를 알아줄 테니 크게 흔들리지 말라고 말씀하셨기 때문입니다. 거기에 남이야 뭐라고 하든 나의 진짜 모습이 중요하다는 강한 에고(ego)도 숨어 있기에, 남들이 뭐라 하든 나는 나의 길을 간다고 생각하고 사는 것이 좋아 보이기도 했습니다.

그런데 4차 산업혁명이 일어나면서 이제까지 방치하고 방관했던 '평판'에 갑자기 신경을 쓰게 된 것입니다. '마케팅'이나 '브랜딩'처럼 능동적인 단어는 오히려 적극적으로 무언가 찾아야 할 것 같은데, 평판이나 명성 같은 단어는 그저 명사일 뿐 그 자체는 행동을 포함하고 있지 않기에 지금까지 우리는 일단 임시로 넘어가는 '위기관리'에 집중해왔습니다. 하지만 데이터 처리 속도와 양이 엄청나게 발전하고, 여기에 각종 콘텐츠가 담긴 소셜미디어가 확산되면서 나도, 내가 다니는 기업도, 내가 운영하는 기업도 더 이상 무인도에 사는 로빈슨 크루소처럼 살 수 없게 되었습니다. 내가 굳이 스스로를 드러내지 않아도 직장 동료들이, 고객들이 자꾸 내 평판을 찾아서 저장해두고 필요할 때 꺼내서 활용합니다.

그리고 그 평판은 나의 부(富)와 직결됩니다. 애덤 그랜트

(Adam Grant)가 쓴 《기브 앤 테이크(Give and Tak)》를 보면, 린든 랩(Linden LAB)이라는 회사의 사례가 등장합니다. 이 회사는 '러브 머신(Love Machine)'이라는 시스템을 개발했는데요. 직장 동료에게 도움을 받아 고마운 마음이 들면 그 동료에게 '러브' 메시지를 보내고, 그 '러브'는 누구나 볼 수 있어서 그 선행이 직장에서 지위나 평판과 연계되어 그 동료가 보상과 인정을 받을 수 있게 된다고 합니다. 이렇듯 조그만 선행도 시스템화되어 좋은 평판으로 축적되면, 그 평판이 개인이나 팀에 대한 보상으로 돌아옵니다.

기술 발달이 가져온, 그래서 평판이 중요해진 또 하나의 이유는 이제 내 주변 사람들, 이해관계자들이 한 가지 중요한 속성을 새롭게 가졌기 때문입니다. 바로 '지속성(persistency, continuity)'입니다. 사람이든 기업이든 한 번만 보고 마는 것이 아니라 계속 추적하고, 저장하고, 기억하고, 기록하고, 전파합니다. 그래서 그 기억과 기록을 집단 정보화하고 이를 행동으로 옮기며, 실제로 개인과 기업에 대해 기꺼이 행동에 나섭니다. 예전에는 정보를 파악하고 이를 결정하고 판단하는 데도 시간이 걸렸기에 실제 행동까지 가는 시간은 더욱 느렸습니다. 하지만 이제 정보 파악은 오래 걸려야 1시간, 그것도 휴대전화 하나만 있으면 손쉽게 할 수 있습니다. 여기에 자신이 알고 있는 정보를 더해서 정보의 양을 키워 클릭 한 번으로 전달합니다. 실제 오프라인 행동이 어렵다면 온라인만으로도 지지와 반대를 얼마든지, 그것도 금전적이고 경제적인 방식으로 표현할 수 있게 된 것입니다. 그래서 대중은 이제 어려움 없이 자신들이 타인에게 갖는 관심과 함께 지속성과 인내심을 유지하고 실천할 수 있게 되었습니다.

평판은 더 이상 남의 이야기가 아닙니다. 데이터 처리 기술은 계속 발전할 것이고, 시민의식은 더욱 강화될 것입니다. 고객의 마음을 사로잡을 목적이든, 아니면 애초부터 선한 의지를 가지고 시작했든 '착한 기업'은 쏟아져 나올 것입니다. 왜냐하면 모든 이해관계자들이 한 가지 사실을 학습하고 경험했기 때문입니다. 기업의 수익 창출은 무척 중요한 목적이지만, 그 목적을 달성하는 방식도 얼마든지 선하고 사회적 가치를 실현할 수 있는 방향으로 나아갈 수 있다는 사실을 말이죠. 이해관계자들은 기업이나 개인에게 더 이상 관용을 보이지 않습니다. 실력도 좋고 성품도 좋은 유명인사가 환호를 받듯, 이제 개인도 집단도 서로를 엄격한 잣대에서 보고, 그 잣대를 넘어섰을 때 환호와 지지를 강력하게 보냅니다.

그래서 개인이든 기업이든 앞으로는 모두 '트위너(Tweener)'가 되어야 합니다. 트위너란 원래 농구에서 다른 두 위치에서 플레이할 수 있는 선수를 의미합니다. 저는 이 단어가 지금의 개인 평판, 기업 평판에 딱 맞는 말이라고 생각합니다. 개인의 경우라면 실력은 좋은데 인성이 안 좋다든지, 인성은 좋은데 팀워크가 약하다든지, 팀워크는 좋은데 근태가 안 좋으면 한 분야에서는 강점으로 인정받지만, 다른 분야에서는 약점으로 평가받는 경우입니다. 기업도 제품은 좋은데 사회적 책임의식을 안 보인다든지, 선한 기업이긴 하지만 제품력이 형편없다든지, 제품력도 좋고 사회적 책임도 다하지만 최고경영자의 처신이 부적절한 경우 고객과 직원들은 등을 돌리고 점차 멀어집니다. 그래서 개인도 기업도 실력, 성과, 인성, 책임의식 등 모든 분야에서 최대한 선의로 인정받는 트위너가 되어야 좋은 평판이 쌓이고, 그것이 자산이 되면서 높은 명성을 가지게 되는 것입니다.

세계적인 미디어 사업가 루퍼트 머독(Rupert Murdoch)은 "우리의 평판은 1억 달러보다 중요하다(Our reputation is more important than the last hundred million dollars)"라고 말했습니다. 평판은 결코 돈으로 살 수 없습니다. 평판은 더 이상 선택지가 아닙니다. 평판은 이제 개인과 기업이 스스로 챙겨야 하는 자산입니다. 평판은 양질로 축적되어야 하며, 아주 체계적으로 관리되고 호의적으로 수용되고 전파되어야 합니다. 디지털 기술의 발전 속도에 맞추어, MZ세대의 의식 변화에 맞추어, 평판 경제의 확산 추세에 맞추어 좋은 평판은 축적되고 유지되어야 합니다.

내 평판은 다른 사람이 높여주지 않습니다. 그렇기에 내 평판을 남의 손에 맡기면 안 됩니다. 개인과 기업 모두 이제 내 평판을 능동적으로 챙겨야 합니다.

평판의 힘은 앞으로도 결코 약화되지 않을 것입니다. 지금도 늦지 않았습니다. 내 평판의 출발점, 바로 오늘부터 시작해야 합니다.

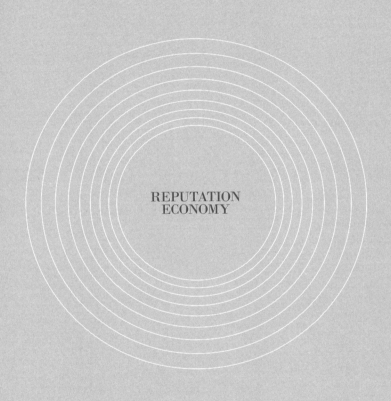

REPUTATION
ECONOMY

부를 부르는 평판

제1판 1쇄 발행 | 2020년 6월 15일
제1판 3쇄 발행 | 2023년 4월 3일

지은이 | 문성후
펴낸이 | 김수언
펴낸곳 | 한국경제신문 한경BP
책임편집 | 마현숙
저작권 | 백상아
홍보 | 이여진 · 박도현 · 정은주
마케팅 | 김규형 · 정우연
디자인 | 지소영
본문디자인 | 디자인 현

주소 | 서울특별시 중구 청파로 463
기획출판팀 | 02-3604-590, 584
영업마케팅팀 | 02-3604-595, 562 FAX | 02-3604-599
H | http://bp.hankyung.com E | bp@hankyung.com
F | www.facebook.com/hankyungbp
등록 | 제 2-315(1967. 5. 15)

ISBN 978-89-475-4598-3   03320